Rudolf Beer, Rudolf Beer, Rudolf Beer

Heilige Höhen der alten Griechen und Römer

Eine Ergänzung zu Ferd. Frh. v. Andrian's Schrift Höhencultus

Rudolf Beer, Rudolf Beer, Rudolf Beer

Heilige Höhen der alten Griechen und Römer
Eine Ergänzung zu Ferd. Frh. v. Andrian's Schrift Höhencultus

ISBN/EAN: 9783743491007

Hergestellt in Europa, USA, Kanada, Australien, Japan

Cover: Foto ©ninafisch / pixelio.de

Manufactured and distributed by brebook publishing software (www.brebook.com)

Rudolf Beer, Rudolf Beer, Rudolf Beer

Heilige Höhen der alten Griechen und Römer

HEILIGE HÖHEN

DER ALTEN

GRIECHEN UND RÖMER.

EINE ERGÄNZUNG

zu

FERD. FRH. v. ANDRIAN'S SCHRIFT ›HÖHENCULTUS‹

von

RUDOLF BEER.

WIEN.
VERLAG VON CARL KONEGEN.
1891.

FERDINAND FREIHERRN VON ANDRIAN-WERBURG

ZUGEEIGNET.

VORBEMERKUNG.

Von der Erkenntniss ausgehend, dass in einer zusammenhängenden Darstellung des Höhencultus das Ausserachtlassen der griechischen und römischen Mythologie eine empfindliche Lücke bedeuten würde, hat der hochverehrte Autor des »Höhencultus asiatischer und europäischer Völker« an den Schreiber dieser Zeilen die Aufforderung gerichtet, das oben genannte Gebiet nach der angegebenen Richtung hin zu behandeln. Dieser ehrenvollen Einladung nachzukommen, schien umsomehr Anlass vorhanden, als trotz der ausführlichsten und immer reicher zuströmenden Specialabhandlungen auf dem Gebiete der classischen Mythologie eine in dem gewünschten Sinne durchgeführte Untersuchung fehlt. Während die Handwörterbücher ähnlicher Disciplinen — wir denken hier zunächst an die biblische Alterthumskunde — ausführliche Artikel über »Berge« und »Berggötter« enthalten, finden sich derlei zusammenfassende Versuche in den das classische Alterthum und speciell die Mythologie betreffenden Nachschlagewerken nicht. So Treffliches Gruber und Noel für ihre Zeit, ferner Pauly, Jacobi und ganz besonders zuletzt Roscher für einzelne Artikel gesammelt und geleistet, so finden wir doch bei keinem derselben auch nur den Beginn einer systematischen Behandlung dieser Frage. Dass sich nahezu das Gleiche von gewissen Einzelstudien behaupten lässt, glauben wir weiter unten des Nähern beweisen zu können.[1]

Die Methode, welche zu einer erschöpfenden Darstellung des Stoffes führt, ist offenbar eine möglichst vollständige Sammlung aller einschlägigen Stellen aus den alten Autoren und Inschriften, sowie entsprechende Sichtung derselben nach den verschiedenen localen Culten. Eine solche erschöpfende Darstellung bringen wir nicht. Einmal aus dem Grunde, weil es unsere Aufgabe war, zu einem bereits fertig vorliegenden Werke in verhältnissmässig kurzer Frist ein Supplement zu schaffen, welches nur wenige Bogen umfassen sollte, dann aber auch darum, weil der Schreiber dieser Zeilen durch Amtsarbeiten und anderweitige wissenschaftliche Verpflichtungen zu seinem eigenen Bedauern nicht in der Lage war, sich in diese Studien so eingehend zu vertiefen, als er es gewünscht hätte.

Der vorliegende Versuch beansprucht, wenn man ihm überhaupt einen selbständigen Werth zuerkennen wollte, nichts Anderes als den einer Sammlung der wichtigsten einschlägigen Daten aus den oben genannten Handbüchern und einer Reihe noch weiter unten namhaft zu machender Quellen. Ob dies Materiale innerhalb der oben angedeuteten Grenzen in entsprechender Vollständigkeit und in sachgemässer Weise verwerthet wurde, darüber mögen Fachkundige entscheiden, jedoch bei den relativen Schwierigkeiten einer mythologischen Arbeit überhaupt, insbesondere einer nach einem neuen Gesichtspunkte durchgeführten, billige Nachsicht üben. Es ist klar, dass bei der in gedrängter Kürze zu gebenden Darstellung gewisse Theile nur summarisch, andere, vielleicht nicht unwichtige Punkte gar nicht behandelt werden konnten. Wie der Titel schon besagt, war für uns als leitendes Moment

---

[1] Es entbehrt nicht eines gewissen Interesses, dass der Erste, welcher zu Beginn des Wiedererwachens der classischen Studien sich dem vorliegenden Gegenstande zuwendete, niemand Anderer war, als der berühmte Giovanni Boccaccio. Seine Studie De montibus, silvis, fontibus, lacubus, fluminibus etc. in alphabetischer Ordnung wurde als Anhang zu den Büchern De genealogia deorum zu Venedig 1511, fol. u. ö. gedruckt.

die Höhe, beziehungsweise das Gebirge und die an diesen localen Elementen haftenden Culte massgebend. Der Begriff »Cult« wurde möglichst weitgehend gefasst, entsprechend dem lateinischen Begriffe cultus, also Verehrung, Pflege auf Grund der sich an die betreffenden Oertlichkeiten knüpfenden Sagen. Dass wir darnach getrachtet haben, das Wesen des Höhengottes, also der auf irgend einer bedeutenden Terrainerhebung thronend, herrschend, schirmend gedachten Gottheit, zu erkennen und zu fixiren, dürfte im Laufe der folgenden Untersuchung deutlich hervortreten. Nur so glaubten wir den eigentlichen Vortheil einer derartigen mühsamen Zusammenstellung nach einheitlichem Gesichtspunkte zur Geltung bringen zu können. Es ist dies der Nachweis, inwiefern die Vorstellung des Volkes durch die Bodenbeschaffenheit beeinflusst worden, es ist eine Untersuchung, inwieweit gerade der primitive Mensch, das kindliche, sagenbildende Volk in seinem Fühlen und Denken durch das bewegt wurde, was es um sich sah, und inwieweit gerade das wirkte, was in majestätischer, überwältigender Grösse das unbefangene Gemüth so mächtig anzuregen berufen war.

So schliesst sich auch das vorliegende, bescheidene Supplement der so verdienstvollen, umfassenden Untersuchung des Freiherrn von Andrian in dem Sinne an, dass es einen kleinen Beitrag liefert für die durch die localen Verhältnisse beeinflusste Volksphantasie, allerdings für die Phantasie jener Völker, deren Regungen und Schöpfungen man seit Menschengedenken mit Ehrerbietung und Bewunderung entgegenzunehmen bereit ist, der alten classischen Völker der Griechen und Römer.

INHALTS-VERZEICHNISS.

A. Griechenland.

Seite
I. Der thessalische Gebirgskreis 1
II. Zeus Hypatos 10
III. Tantalos und Atlas 23
IV. Der kretische Zeus. Die übrigen Götter 26
V. Die Nebengötter 40

B. Italien.

I. Allgemeine Bedingung für den Höhencultus 62
II. Mons albanus. — Iupiter latialis 65
III. Iupiter als Höhengott 69
IV. Die übrigen Götter 73

Register 83

A. Griechenland.

I. Der thessalische Gebirgskreis.

Der die Mythenbildung in so hohem Masse anregende Einfluss des localen Elementes tritt kaum irgendwo mit solcher Deutlichkeit hervor, als in dem Lande, mit dem sich die älteste griechische Sagendichtung aufs innigste verknüpft, in Thessalien. Dass dieser fruchtbare Landstrich in prähistorischen Epochen gewaltigen Veränderungen unterworfen gewesen, dass die ragenden Randgebirge — Olympos, Ossa, Pelion im Nordosten, der Zug des Pindos im Südwesten, das kambunische Gebirge im Norden und der gewaltige Othrys im Süden — einst einen weit ausgreifenden See umschlossen, dessen Gewässer sich durch Peneios und Tempe dem Meere zugewendet, darüber haben Kundige bereits das entscheidende Urtheil gesprochen.[1])

Bemerkenswerth ist nun, dass sich eine dunkle Erinnerung an jene bedeutsamen Veränderungen auch bei den alten Historikern und Geographen erhalten hat (Herod. VII, 129, Athen. XIV, 10, p. 639, Strabo IX, p. 430 u. A.), und dass diese Ahnung von Geschehnissen der Vorzeit in innigem Zusammenhange mit dem Stoffe steht, der uns eben beschäftigt.

---

[1]) Vgl. Heinr. Kiepert, Lehrbuch der alten Geographie, Berlin 1878, p. 304, und besonders J. L. Ussing, Griechische Reisen und Studien, Kopenhagen 1857, p. 25: »Mit Gewalt hat die Natur den Olymp vom Ossa geschieden, und mitunter ist es, als ob die Felsenwände noch festschliessen könnten, wenn man sie zusammenfügte; als ob es zu befürchten wäre, dass die Macht, welche diese oft nur 300 Fuss breite Kluft bildete, sie auch wiederum schliessen könnte.«

Rudolf Beer, Heilige Höhen der alten Griechen und Römer.

Der gewaltige Kampf der Elemente findet seinen sagenpoetischen Ausdruck in der sogenannten Titanomachie, und die grossartige Schilderung, welche uns Hesiod von der Schlacht entwirft, ist in ihren allgemeinen Zügen, ja auch in gewissen Einzelheiten Abbild einer genialen Auffassung der ältesten Volksansicht über die vorgeschichtlichen Umwälzungen auf dem in Rede stehenden Boden. Die beiden Höhenzüge des Olympos und des Othrys sind als Heereslager gedacht, als ausgedehnte Sammelplätze der streitenden Scharen: auf jenem lagern die Kroniden, auf diesem die Titanen. Höchst malerisch und in wahrhaft götterwürdiger Grösse ist das Schauspiel vergegenwärtigt. Auch den neueren Reisenden erscheint Thessalien, vom Othrys aus gesehen, wie »ein Wald von Gebirgen«.[1]) Hören wir aber Hesiod selbst (Theog. 625 ff.):[2])

Jene, die stolzen Titanen, daher vom erhabenen Othrys,
Diese herab vom Olympos, die göttlichen Geber des Guten,
Welche die lockige Rheia gezeugt in des Kronos Gemeinschaft,
Sie nun, gegen einander in müdendem Kampfe gestellet,
Kämpfeten ohne Verzug schon zehn vollendete Jahre.

Klar ergibt sich aus dieser Darstellung die Bedeutung des Olymp als des Berges der guten Götter in den Anfängen griechischer Göttergeschichte; ihm gegenüber steht der Othrys, auf dem die wider die Göttergewalt kämpfenden dunklen Mächte, aus der Unterwelt hervorgegangen, zu denken sind:

661 Dort die titanischen Götter und hier die Erzeugten des
Kronos
Und die Zeus an das Licht aus des Erebos Tiefe hervorliess,
Schreckliche, gross an Kraft und voll unermesslicher
Stärke.

---

[1]) Klausen in Ersch und Gruber's Real-Encyclopädie nach Clarke, Trav. II, 3, 257. Eine anschauliche Schilderung der thessalischen Gebirge bei Neumann und Partsch, Physikal. Geographie von Griechenland, Breslau 1885, p. 155 ff. Sowohl im Pinduszuge, als auch im Othrys heute noch ein Hagios-Elias-Berg, ibid. p. 156.
[2]) Nach der Uebersetzung von Joh. Heinr. Voss, Wien 1817.

Der Kampf bewegt Himmel und Olympos bis in seine Grundfesten — eine bedeutsame Nebeneinanderstellung; rastlos schleudert Zeus von diesem seine Blitze, bis endlich der Sieg sich den Kroniden zuwendet, denen als Preis desselben die Weltherrschaft wird.

Dem Wesen nach der Titanomachie ähnlich, ja in späterer Zeit geradezu mit derselben identificirt ist die Gigantomachie. Es ist allerdings richtig, dass diese Sage ursprünglich auf andere Gebiete verlegt worden war. Für uns ist aber namentlich ein Zug der weitausgebreiteten Gigantenmythen [1]) von besonderer Wichtigkeit, welcher zweifellos sehr alter Auffassung entspricht, und in dem die bereits erwähnten Berge Thessaliens eine womöglich noch grössere Rolle spielen als im Titanenkampfe: der Olympos, der etwa 5000 Fuss aufsteigende Ossa und der etwas höhere Pelion. Bereits bei Homer finden wir die bekannte Drohung der Aloaden, die Götter durch Aufeinanderthürmung der drei Berge zu bekämpfen (Od. XI, 313 ff.),

Und sie drohten sogar den Unsterblichen, ihren Olympos
Mit verheerendem Sturm und Schlachtengetümmel zu füllen.
Ossa mühten sie sich auf den Olympos zu setzen, auf Ossa
Pelions Waldgebirg, um hinauf in den Himmel zu
steigen.
Und sie hätten's vollbracht, wär' ihre Jugend gereifet,

---

[1]) Dass der im Folgenden herangezogene Aloadenmythus als Bild des fröhlich gedeihenden Ackerbaues gedeutet wird, also eine Art »Wachsthummythus«, wie diese ja wiederholt auf griechischem Boden anzutreffen, ist mir bekannt. Aber selbst dann, wenn es nicht feststünde, dass der Aloade Ephialtes thatsächlich im Gigantenmythos erscheint (vgl. Preller, Griech. Myth., 4. p. 71), so berechtigt uns der durchaus ähnliche Grundzug des Mythus, der fruchtlose Widerstand der übermüthigen Naturgewalten gegen die Gottheit, der in demselben ebenso hervortritt wie in der Titanomachie, ihn gleich hier anzufügen. Auf die vielen, dem angedeuteten ähnlichen Mythen, so insbesondere des Typhon oder Typhoeus (vgl. hierüber Wilhelm Christ, Der Aetna in der griechischen Poesie, Sitzungsber. der philos.-philol. und hist. Classe der k. b. Akad. der Wiss. 1888, Heft III, p. 349—398), können wir hier leider nicht eingehen.

Aber sie traf Zeus' Sohn, den die reizende Leto geboren,
Beide mit Todesgeschoss —

ein Gedanke, welcher ganz im Sinne der ältesten Vorstellung dahin aufzufassen ist, dass der am höchsten Thronende auch der Mächtigste sei.[1]) Dass die Reihenfolge der Berge verschieden angegeben wird — Vergil z. B. (Georg. I, 281) lässt den Ossa auf den Pelion wälzen und den Olymp auf den Ossa — beweist, dass die Sage bei den Alten selbst vielleicht nicht genau feststand und wir die einzelnen Versionen eben als neben einander geltend annehmen müssen.[2]
Dass von den genannten Bergen insbesondere der Pelion im Volksglauben eine gewisse Rolle spielte, lässt sich noch anderweitig erkennen.[3]) Im Zusammenhange mit seinem Kräuterreichthum steht der Mythos vom weisen, heilkundigen Kentauren Cheiron, der nahe am Gipfel eine Grotte hatte, in welcher die ausgezeichnetsten Heroen ihre Bildung genossen (Pind. Pyth. III, 4 und IV, 10). Jason, Achill u. A. werden genannt. Auch das sagenberühmte Schiff Argo soll dort erbaut worden sein (Diod. IV, 41 f.). Für den Ossa lässt sich eine sonstige wichtige Stellung in mythengeschichtlicher Hinsicht nicht nachweisen.

Desto ausgebildeter und universeller ist jedoch die Bedeutung des Olympos selbst, des griechischen Götterberges κατ' ἐξοχήν: die gewaltigste Höhe der Halbinsel, 2985 Meter sich über dem Meere erhebend, »einer der wildesten von Südeuropas Bergen, überall voll von Wäldern und jähen Abgründen, ernst wie wenige«, schreibt Ussing, ein Augenzeuge.[4]) Wir haben eigentlich keinen Berg, vielmehr eine

---

[1]) Anders urtheilt Völcker, Homer. Geographie und Weltkunde, p. 8 und 9.

[2]) Vgl. Anton Zingerle, Zur Behandlung des Mythus von der Bergeaufthürmung bei römischen Dichtern, Zeitschrift für österr. Gymnasien, XXIX (1878), p. 5—8.

[3]) Vgl. auch weiter unten p. 20.

[4]) A. a. O. p. 13.

ganze Gebirgsmasse vor uns, die um so mächtiger wirkt, als sie sich unmittelbar aus dem Meere erhebt und eine Menge scharf umrissener Kuppen darbietet, über welche die höchste nur mässig emporsteigt.

Um den Olympos wohnte das gesangreiche Volk der Pierier mit seinen den Musen geweihten Culten und alten Gesängen, welche die Götter ihres heiligen Berges feierten, und die von Generation zu Generation, von Stamm zu Stamm immer weiter verbreitet wurden.

So ward der Berg willkommenes Object für die schöpferische Phantasie, der Mittelpunkt poetischer Gestaltungen, welche in fertiger Abrundung bereits in den homerischen Dichtungen vorliegen und dann mit geringen Abänderungen zum Glaubenscanon für Jahrhunderte wurden. In bedeutsamer Weise wird die Stellung des Gebirges schon dadurch charakterisirt, dass, namentlich wenn wir das ptolemäische Weltsystem im Auge behalten und den Schauplatz der Ilias als den Nordostwinkel, den der Odyssee als Nordwestwinkel des hellenischen Erdkreises annehmen, der Olymp in die Mitte zu liegen kommt, also gewissermassen das Centrum griechischer Urwelt darstellt.[1]

Es ist klar, dass die poetische Vorstellung sich bei Wahl der Epitheta in Bildern und Hyperbeln ergeht[2] und insbesondere bei Angabe der Höhe des gewaltigen Bergriesen hiezu ein willkommenes Feld findet: der Olymp ragt geradezu in den Himmel, dieser aber ist so hoch über der Erde, als die Ais (Tartaros) unter ihr.

Hephaistos fällt, von Jupiter hinabgeschleudert, einen ganzen Tag, bis er in Lemnos anlangt und daselbst gelabt wird. Indess muss hervorgehoben werden, dass Himmel und Olymp bei Homer streng geschieden sind; dies geht aus einer Reihe von Stellen in diesen alten Gesängen, insbesondere aber aus einer hervor, die wir ob ihrer charakteristischen Züge ganz hersetzen wollen (Il. VIII, 18—27):

---

[1] Vgl. J. G. v. Hahn, Sagwissenschaftliche Studien, Jena 1876, p. 170, 353.
[2] Ueber diese Epitheta vgl. Völcker, a. a. O. p. 4 ff.

Auf wohlan, ihr Götter, versucht's, dass ihr all' es erkennet,
Eine goldene Kette befestigend oben am Himmel
20 Hängt dann all ihr Götter euch an und ihr Göttinnen alle:
Dennoch zöget ihr nie vom Himmel herab auf den Boden
Zeus, den Ordner der Welt, wie sehr ihr auch rängt in der
Arbeit!
Aber sobald auch mir im Ernst es gefiele zu ziehen,
Selbst mit der Erd' euch zög' ich empor und selbst mit dem
Meere;
25 Und die Kette darauf um das Felsenhaupt des Olympos
Bänd' ich fest, dass schwebend das Weltall hing' in die Höhe!
So weit rag' ich vor Göttern an Macht, so weit vor den
Menschen!

Diese Stelle gibt noch heute Anlass zu lebhafter Controverse, auf die wir hier nicht eingehen können. Nur wenn behauptet wird, dass trotz Vs. 21: ἀλλ' οὐκ ἂν ἐρύσαιτ' ἐξ οὐρανόθεν πεδίονδε Ζῆν', der oberste Gott nicht als im Himmel befindlich gedacht wird,[1] so wäre doch schon der blosse Wortlaut der Stelle ins Feld zu führen. Dass gewisse Einzelheiten in derselben der Klarheit entbehren, mag zugegeben werden; aber man darf fragen, ob in das grandiose Bild vom Messen der Götterkräfte eine Detailmalerei überhaupt passt, ob, mit einem Worte, diese Unklarheit nicht beabsichtigt ist, eine Unklarheit, aus der nur das eine Moment, die ungeheure Präpotenz des Zeus, nachdrücklich und hell hervorleuchtet.

Beim blossen Zucken der Wimpern des Kroniden erbebt der Berg, der oberste Gott erscheint überhaupt auch als oberster Herr und Gebieter auf demselben. Schon aus diesem Grunde sind wir genöthigt, eine Vermuthung zurückzuweisen, welche Creuzer aufgeworfen und mit Aufwand grosser Gelehrsamkeit zu vertheidigen gesucht hat.[2] Olympos ist ihm Zeus, der Gott selbst, und er stützt seine Ansicht auf Il. XX, 5:

[1] Vgl. Völcker a. a. O., p. 14 und 15.
[2] Vgl. Friedrich Creuzer, Deutsche Schriften, Erste Abtheilung: Symbolik und Mythologie der alten Völker, besonders der Griechen, Bd. III, p. 137.

κρατὸς ... Ὀλύμπου πολυπτύχου, nach welchem alle Flüsse und Nymphen zu kommen haben: »Das Haupt des Berges war also Jupiters Haupt, und die vielen Buchten (πτύχες) des Olympus waren die acht Himmelssphären, einschliesslich der einen fixen, unbeweglichen. ... In die Schluchten des in Wolken gehüllten olympischen Gipfels dringt kein Sterblicher ein. Dort versammelt Themis die Versammlung der Götter, die im Verborgenen das Gesetz geben.« Unbefangene Erwägung legt nahe, dass in dem Falle, da die Fluss- und Quellennymphen versammelt werden, das Epitheton πολύπτυχος durchaus nichts Befremdendes an sich hat; ferner ist klar, dass in dem Umstande, dass die Gesetzgebung in lichter, jedoch für die Menschen durch den Wolkenschleier verhüllter Höhe stattfindet, ein Moment zu erblicken ist, welches zweifellos die Weihe derselben zum Ausdruck bringt. Der Vorgang selbst findet allerdings in der biblischen Darstellung der sinaitischen Gesetzgebung ein Analogon, aber wir haben weder hier, noch dort Anlass, an eine animistische Umdeutung zu denken.[1]

---

[1] Es ist klar, dass sich diese Entgegnung nur gegen die Stelle selbst, beziehungsweise gegen den Versuch richtet, derselben eine Bedeutung zu geben, welche ihr unseres Erachtens nicht innewohnen kann. Dass der Olymp im Volksglauben nicht blos als heiliger Berg, sondern auch als ein Factor, von dem unnennbare Weihe ausgeht, als segenspendendes Element betrachtet wurde, soll umsoweniger geleugnet werden, als wir für diese Volksansicht in der Verehrung der heiligen lykäischen Höhe ein schlagendes Analogon besitzen. Diese Bedeutung des Olympos hat sich auch in der Tradition durch Jahrtausende fortgeerbt, wofür wir eine ganze Reihe interessanter Anzeichen besitzen. So berichtet Heuzey (Le mont Olympe et l'Acarnanie, Paris 1860, p. 138, 139), dass der Gebrauch des Alterthums, nach welchem die Priester zweimal im Jahre ein feierliches Opfer auf dem Gipfel des Olympos darbrachten, in unseren Tagen ein merkwürdiges Nachbild finde. Die Mönche des heil. Dionysios veranstalten alljährlich einen feierlichen Aufstieg zum Berge, und zwar zur Capelle des heil. Elias, welche sich auf dem höchsten Gipfel, an der alten Tempelstätte, befindet. Der Aufstieg erfolgt in der Nacht unter Fackelbeleuchtung, und in der genannten Capelle wird eine Messe gelesen. Und wie im Alterthum der Berg den Mittelpunkt wundersamer Sagen bildete, so können auch heute noch die Bewohner der umliegenden Ortschaften sich nicht zu dem Gedanken bequemen, dass der in ihren Gesängen so gefeierte Olympos ein

Nein, der Berg als solcher ist bei Homer nicht mehr und nicht minder als der Sitz des obersten Götterkreises in seiner Gesammtheit, und zwar der beständige Sitz, welcher gewöhnlich nur für kurze Zeit verlassen wird. Nirgends erscheint die Bedeutung dieses »altepischen Götterberges«, des Ortes des Götterstaates, klarer charakterisirt als in einer Stelle des sogenannten homerischen Demeterhymnus (Vs. 305 bis 495): Demeter verlässt den Olymp, und mit diesem Schritt hört sie auf, Mitglied der Göttergemeinschaft zu sein; erst mit dem Augenblick, da sie wieder auf den Olymp zurückkehrt, gehört sie dem Kreise der Himmlischen wieder an. Es ist also der Berg, gerade nach der alten Fassung des Mythus, der Hort für die Göttergewalt in scharfer Präcisirung, er ist der eigentliche Schauplatz der entscheidenden Beschlüsse und Wirkungen, welche die Natur- und Menschenwelt betreffen.[1]) In diesem Götterstaate hat jedes einzelne Mitglied seine Wohnung, die δώματα Ὀλύμπια (Il. I, 18; II, 13, 30, 67 ff.), Here jedoch, im Anschluss an die Vorstellung

Berg sei wie alle anderen. Hat ein Reisender den Aufstieg bewerkstelligt, so wird an ihn die Frage gerichtet: »Nun, was hast du gesehen?« Die Einen beschrieben Heuzey einen mysteriösen Palast mit Säulen aus weissem Marmor und fügten hinzu, ein Schäfer habe denselben einst gesehen, heute wäre er aber verschwunden. Die Anderen sprachen von einem weiten Circus, in welchem die Alten einstmals ihre Spiele gefeiert. Im Uebrigen gilt die Höhe im Volkslied als ein Paradies, welches den kranken Körper kräftigt, die Wunden heilt, zum Kampfe stählt. Zum Schlusse berichtet Heuzey von einem Zauberspruch, der den Gipfel des Olympos betrifft, die drei Himmelsspitzen, wo die Geschicke der Geschicke wohnen, von denen jedes einzelne den Menschen erhören und ihm werden möge:

Ἀπὸ τὸν Ὄλυμπον τὸν κορυφοβον
τὰ τρία ἄκρα τοῦ Οὐρανοῦ.
ὅπου αἱ Μοῖραι τῶν Μοιρῶν
καὶ ἡ ἰδική μου Μοῖρα
ἂς ἀκούσῃ καὶ ἂς ἔλθῃ.

[1]) L. Preller, Demeter und Persephone, ein Cyclus mythologischer Untersuchungen, Hamburg 1837, p. 115. Als eine Art Parallele mag gelten, dass Poseidon und Apoll, vom Olymp verbannt, bei Laomedon zu Burgbau und Rinderhut verdingt, um ihren wohlverdienten Lohn betrogen und unter Drohungen vertrieben werden. Vgl. Hahn, Sagwissenschaftliche Studien, Jena 1876, p. 300.

dieser Göttin als Schutzfrau des Ehelebens und der Familie, im Hause des Zeus (Il. I, 606 ff.; XIV, 166, 213). Besonders sorgfältig war der epische Sänger in der Schilderung des Hauses des Hephaistos: der Palast ist sternenhell, unvergänglich aus Erz vom Meister selbst erbaut, und dieser wird geschildert, wie er darin rüstig seiner Arbeit obliegt. Ausser den eigentlichen zwölf Göttern wohnen noch die Musen, Charitinnen, Horen u. s. w. auf demselben. Diese Vorstellungen der ältesten epischen Dichtung, denen auch die durchaus ähnlichen Hesiods beizuzählen sind, erhielten sich nahezu ohne Alterirung, nur dass in späterer Zeit die greifbare, materielle Anschauung einer durchgeistigteren Auffassung wich. Uranos und Olympos wurden begrifflich verschmolzen (vgl. Ecl. VI, 86; Aen. VI, 829; Ovid. Met. II, 60).

Späte Gewährsmänner berichten von einem Berggeist des Olymp, dem Vater des Marsyas; doch ist diese Gestalt, wie die des Berggeistes Tmolos, kleinasiatischen Sagenkreisen entnommen.[1]

Die »glückliche Unbestimmtheit« der Bedeutung des Wortes Olympos[2] hatte zur Folge, dass eine Reihe von Hochgebirgen, deren Gipfel durch die Wolken geheimnissvoll entrückt zu sein schienen, mit demselben bezeichnet wurden.

Die wichtigsten sind:[3] der phrygisch-mysische, der lykische Olymp mit seinem Tempel Vulcans, der Olymp auf

[1] Apollodor 1, 4, 2; Strabo X, 470.
[2] Wenn die Ableitung des Wortes von ὁλόλαμπος — übrigens eine Etymologie, die stark nach der Lampe riecht — von F(orbiger) im Artikel der Pauly'schen Real-Encyclopädie Servius (Aen. IV, 270) zugeschrieben wird, so ist dies irrig. Sie findet sich schon bei Aristoteles de Mundo VI. (Bd. III, p. 640, Z. 6 f. der Pariser Ausgabe) in einer Stelle, die sich sonst ganz an Homer (Od. ζ 42—45) anschliesst: Ὄλυμπον δ' οἷον ὀλολαμπῆ καὶ παντὸς ζόφου καὶ ἀτάκτου κινήματος κεχωρισμένον οἷα γίνεται παρ' ἡμῖν διὰ χειμῶνος καὶ ἀνέμων βίας. Auch ist totus splendens für ὀλόλαμπος gewiss falsch übersetzt. Neuere Deutungen bei Georg Curtius, Grundzüge der griechischen Etymologie⁵, p. 265, woselbst allerdings auch auf die Wurzel λαμπ zurückgegangen wird (?).
[3] Vgl. Heuzey in der oben genannten Schrift, p. 137.

Lesbos, auf Euboia, dann in der Nähe von Smyrna, ferner ein Gipfel der Ida-Kette, endlich ein Gebirge auf der Ostseite von Cypern, auf dessen höchstem, nach Art einer weiblichen Brust geformtem Theile ein Tempel Aphroditens stand.[1])

II. Zeus Hypatos.

Am wichtigsten für uns ist jedoch der arkadische Olymp, eigentlich Λύκαιον, das lykäische Gebirge genannt, welches mit seinem hochbedeutsamen Cult zu den übrigen Stätten der Verehrung des Zeus, dieses vornehmsten Höhengottes, hinüberleitet. Es ist der heilige Gipfel Arkadiens, sein eigener Olympos, den die »autochthonen« Bewohner des Berglandes ebenso als seit ältesten Zeiten ihrem Lande gehörige Zeusstätte ansahen, wie die uranfänglichen Cultstätten anderer Götter, des Hermes auf dem Kyllene, der Athene in Alipheira, der Here in Stymphalos, des Poseidon in Arne bei Mantineia, des Asklepios in Thelpusa.[2])

Der Berg, in seiner höchsten Erhebung 4371 Fuss aufragend, war in seiner Totalität den Kindern des Berglandes ein Heiligthum. »Mit seinem in den Wolken ruhenden und wolkensammelnden Haupte, mit seinen überall wirtbaren, mit Speiseeichen und nährenden Pflanzen bedeckten Abhängen, mit den zahllosen Quellen, welche nach allen Seiten seinem mächtigen Fusse entströmen, war er das herrlichste Bild unzerstörbarer und gedeihlicher Naturkraft, und daher nach pelasgischem Glauben ein Bild des Zeus selbst, der seinen

---

[1]) Strabo XIV, 683.
[2]) Vgl. Ernst Curtius, Peloponnes, I, 159. Anders urtheilt Ludwig Ross, der in der Anzeige des eben genannten Werkes (abgedruckt in seinen Archäologischen Aufsätzen, II, 430 f.) vor allzu bereitwilliger Annahme »autochthonischer« Vorstellungen warnt. Diese das Wesentliche unserer Darstellung nur indirect berührende Controverse erwähnen wir kurz mit der Bemerkung, dass wir hier allerdings wohl recipirte, aber gewiss hochalterthümliche Vorstellungen behandeln, welche von den späteren gemeinsamen, vornehmlich auf Homer fussenden mythologischen Anschauungen sicher zu trennen sind; wie ja der lykäische Zeus von dem homerischen scharf geschieden werden muss.

reichen Segen unablässig auf die Lande triefen lässt und die Wohnungen der Menschen um sich sammelt.«[1]) Das an Schluchten, Triften und Quellen reiche Gebirge gehört thatsächlich zu den interessantesten von allen Höhen, welche der Volksglaube mit wundersamen Sagen ausgestattet, und der die Tradition selbst historische Bedeutung zu verleihen gewusst hatte. Die ältesten Erinnerungen des peloponnesischen Hellenenthums suchen auf ihm den nationalen Ursprung: Pelasgos, »der Autochthone«, war hier entstanden, dessen Sohn Lykaon hatte Lykosura, wie Pausanias ausdrücklich bemerkt: πόλεων, ὁπόσας ἐπὶ τῇ ἐπείρῳ ἔδειξε γῆ καὶ ἐν νήσοις ... πρεσβυτάτῃ, καὶ ταύτην εἶδεν ὁ ἥλιος πρώτην,[*]) gegründet; die Kampfspiele Λύκαια und blutige Menschenopfer mit dieser Gründung verbunden. Nicht ohne Grund wird das Wort λύκη (lux) mit dem Culte des ewig reinen Lichtgottes in Zusammenhang gebracht, eine Vermuthung, welche durch die sich an die Stätte knüpfenden Sagen wesentliche Bekräftigung erhält.

Auf dem in der Nähe des Altargipfels befindlichen Adyton des Zeus sollte es — so behauptete der Volksglaube noch zur Zeit des Pausanias — keinen Schatten geben, »ein kindlicher Ausdruck der Ueberzeugung, dass der Gott im Reinen wohnt, dessen natürliche Darstellung eben das Licht ist.«[3]) Den Wohnsitz des Lichtgottes, des Herrschers des Gebirges, wie ihn Pindar nennt, bezeichnete ein einfacher Erdaltar, schmucklos, ohne architektonische Construction: zwei Säulen mit vergoldeten Adlern, gegen Sonnenaufgang gerichtet, »Zeus lebte und webte als Naturgeist gestaltlos auf seiner heiligen Berghöhe.«[4])

Auch nach anderer Richtung offenbarte Zeus, welcher hier, und zwar wahrscheinlich am südlichen Fusse des Gipfels auf einem Kretea genannten Platz, von den Nymphen Theisoa, Neda und Hagno (jedenfalls drei Quellennymphen) genährt

---
[1]) Curtius, a. a. O. p. 299 f.
[2]) Paus. VIII, 38, 1.
[3]) Preller in Pauly's Real-Encyclopädie, s. v. Jupiter, Bd. IV, p. 589.
[4]) Curtius, a. a. O., I, p. 308.

und aufgezogen worden sein soll,[1]) seine bedeutsame, wesentlich heilbringende Gewalt. Nahe am Adyton, und zwar, wie Curtius glaubt, zur Linken der hart unter dem Gipfel der hinabführenden Schlucht gelegenen Quelle, vollzog der Zeuspriester bei anhaltender Dürre des Sommers den Regenzauber: mit dem Zweige des dem obersten Gotte heiligen Baumes, der Eiche, der ragenden Königin der Wälder, berührte er unter Gebetsprüchen die Quelle, und alsbald offenbarte sich der Erfolg der heiligen Handlung. Feuchte Dunstnebel stiegen empor, verdichteten sich zur Wolke, zu der sich andere gesellten, und das segenspendende Nass ergoss sich über die lechzenden Fluren.[2])

Aber Zeus ist im Allgemeinen nicht nur der durch Wolken segenspendende Gott, er ist auch der Träger der Aigis, des betroddelten, hellglänzenden Schildes, und wenn er denselben ergreift und schüttelt, dann erheben sich drohende

---

[1]) Bursian, Geographie von Griechenland II, p. 230.

[2]) Eine von dieser gangbaren Auffassung des lykäischen Zeus als Höhen- und Lichtgott wesentlich verschiedene Ansicht vertritt Emanuel Hoffmann, Mythen aus der Wanderzeit der graeco-italischen Stämme, I. Kronos und Zeus, Leipzig 1876, p. 95. Ihm ist der Zeus auf der genannten Bergspitze nicht der herrschende Olympier, sondern »ein zürnender Gott einer abgeschiedenen Generation, mit scheuer Furcht durch geheimnissvolle Opfer gesühnt«. Dass das Wild auf der geweihten Stätte keinen Schatten wirft, weise eben auf das Schattenreich; und die Dürre und der Misswachs könne nur darum von Zeus abgewendet werden, weil er, als Unterirdischer, sie gesendet. Wir können diesen Ausführungen darum nicht beipflichten, weil uns gerade die Schattenlosigkeit als charakteristisches Kriterium des Lichtgottes erscheint, und weil Zeus, als der Abwender der Gefahr, darum noch nicht als der Sender ebenderselben betrachtet wurde. Wir unterscheiden zwischen »Opfer« und »Sühne« und betrachten das oben erwähnte Gebet als das dem 'Ἀλεξίκακος geweihte. Im Uebrigen berücksichtigt Hoffmann unter den Symbolen des Altars gerade eines nicht, das uns als das bezeichnendste erscheint: die beiden Säulen mit den vergoldeten Adlern, zwei Attribute des Höhengottes, die wohl keines weiteren Commentars bedürfen. (Ueber diese Säulen vgl. auch Ross Ludwig, Archäologische Aufsätze, Leipzig 1885, I, p. 203.) Auch mit der Ansicht Gottfried Goerres', welcher aus den wenigen über den lykischen Cult erhaltenen Notizen ein mehractiges Opferdrama zu construiren versucht (Studien zur griechischen Mythologie in den Berliner Studien für class. Phil. und Arch., 1889 p. 42) vermag ich mich nicht zu befreunden.

Gewitterwolken, furchtbare Stürme, Blitz und Donner sind ihre Begleiter. Die Aigis bildet ein vornehmes Attribut des gewaltigen Höhengottes, und an der Stelle, wo wir die Eigenschaften desselben so rein und ausgeprägt finden, wie eben beim lykäischen Culte, sei eine kurze Bemerkung über dies bedeutsame Symbol gestattet. Die Aigis wird allerdings auch der Athene und dem Ares beigelegt, jedoch in anderem Sinne, auf den wir hier nicht eingehen können. Die Aigis aber in der Hand des Zeus kann nur als Wetterwolke aufgefasst werden, bei welcher Deutung wir des wunderbaren homerischen Gleichnisses (Il. XVI, 296 ff.) gedenken:

.... es tobt unermesslicher Aufruhr,
Wie wenn hoch vom ragenden Haupt des grossen Gebirges
Dickes Gewölk fortdrängt der Donnerer Zeus Kronion,
Hell sind rings die Warten der Berg' und die zackigen Gipfel,
Thäler auch; aber am Himmel öffnet sich endlos der Aether.

So stellt der älteste Volksglaube sich den obersten Gott vor, wenn er im Donnergewölke seine furchtbare Macht offenbart, den gewaltigen Schild schwingt, den ihm der Feuergott verfertigt und mit Troddeln (Blitzen) versehen, und wenn er mit ihm Grauen und Entsetzen den Sterblichen bereitet.

Mit Ausnahme der Aigis, deren Bedeutung vornehmlich aus dem homerischen Sagenkreise entwickelt wird, finden wir sämmtliche Attribute und bezeichnenden Züge des Zeus, der lichten Höhengottheit, im lykäischen Cult vereinigt. Man verehrt das reine durchgeistigte Wesen in überirdischen Sphären; der Zeus Λύκαιος ist das wohlthätige, regen- und segenspendende Element, die Gottheit, welcher der höchste Baum, die Eiche, und der in schwindelnder Höhe schwebende Aar geweiht ist, kurz es erscheint eine Reihe von charakteristischen Zügen, welche in seltener Klarheit und Vollständigkeit das Wesen des Höhengottes κατ' ἐξοχήν hervortreten lassen.

In durchaus ähnlichen, wenn auch nicht allseits so ausgeprägten Zügen wie beim lykäischen Gebirge erscheint der messenische Berg Ithome als nationaler Götterberg, und zwar in so hohem Masse, dass der Dienst auf demselben dem vielbefehdeten Nachbarlande gegenüber als ein unterscheidendes Kennzeichen messenischer Abstammung galt.[1] »Mit seinem Doppelhaupte beide Ebenen überblickend, nach drei Seiten frei dastehend, nur im Rücken mit anderen Waldhöhen verbunden, ist dies Gebirge eine der mächtigsten Gestalten des griechischen Landes, die natürliche Burg Messeniens, zwischen dessen zwei Hauptebenen es mitten hineintritt.[2] Auf diesem weithin von gewaltigen Stämmen des Zeusbaumes, der Eiche, bewaldeten Höhen soll nach uralter Sage das aus Furcht vor dem Vater entführte Zeuskind von den Nymphen Neda (von welcher der Bergfluss den Namen führt) und Ithome auferzogen und im Quell Klepsydra gebadet worden sein.

Ganz so wie auf dem Lykaion ward der Lichtgott auch hier nur durch Weihe des Bodens, nicht in eigentlichen Bildern oder an Altären verehrt. Die Statue des Zeus, welche die vertriebenen Messenier von Ageladas in Naupaktos fertigen liessen, gehört einer späteren Zeit an; aber auch dieses Standbild ward nicht auf die eigentliche Cultstätte gestellt, sondern in der Wohnung des alljährlich gewählten Priesters aufbewahrt. Die mit jedem Jahr erneuerten Feste (Ἰθωμαῖα), sowie musische Wettkämpfe fanden zu Ehren des Gottes statt. So stellt sich der Zeus Ithomatas dem Zeus Lykaios an die Seite, wie denn Curtius geradezu die Vermuthung ausspricht, der Berg Ithome habe ursprünglich gleichfalls Olympos geheissen.[3] Ob der Cult ebenso wie der lykäische Menschenopfer forderte, ist nicht sichergestellt, aber in hohem Grade wahrscheinlich; denn dem Zeus Ithomatas brachte Aristomenes im zweiten messenischen Kriege das seit ältesten Zeiten übliche Opfer der ἑκατομφόνια[4] dar.

---

[1] Vgl. Curtius, Peloponnes, II, p. 125.
[2] Vgl. Curtius a. a. O., p. 137.
[3] Vgl. Curtius, a. a. O., II, p. 148.
[4] Vgl. Paus. IV, 19, 3: Εἴθισται Ἀριστομένης) δὲ καὶ τῷ Διὶ τῷ Ἰθωμάτᾳ τὴν θυσίαν. ἣν Ἑκατομφόνια ὀνομάζουσιν· αὕτη δὲ καθεστήκει μὲν ἐκ παλαιοτάτου, θύειν δὲ αὐτὴν Μεσσηνίων ἐνομίζετο, ὁπόσοι πολεμίους ἄνδρας κατειργάσαντο ἑκατόν.

Sehr bedauerlich ist, dass wir über eine der ältesten Cultstätten des obersten Lichtgottes nur sehr mangelhaft unterrichtet sind; wir meinen den Zeus 'Απεσάντιος, genannt vom Gebirgszug Apesas, welcher das nemeische Thal vom kleonaischen trennt, insbesondere aber die bis 874 M. aufsteigende, wie künstlich abgeplattete Erhebung desselben. Wenn Bu(rsian) in Pauly's Real-Encyclopädie bereits aus Hesiods Theogonie 331: Κοιρανέων Τρητοῖο, Νεμείης ἠδ' 'Απέσαντος, schliessen zu können glaubt, es habe dort eine Cultstätte des Zeus bestanden, so dürfte man wohl zweifeln, ob diese Folgerung berechtigt sei. Doch soll hiemit das Factum selbst nicht in Abrede gestellt werden, dass der flache, wie Bursian als Augenzeuge berichtet, gleichsam als natürlicher Felsaltar sich erhebende Gipfel die Stätte einer sehr alten Verehrung des reinen ätherischen Gottes gebildet, wenngleich wir ausser Pausanias II, 15, 3, hiefür nur späte Zeugnisse besitzen.[1]) Thatsache ist jedoch, dass von dem Altare auf dem Gipfel noch einige Spuren vorhanden sind. Wichtig ist ferner, dass genau wie auf dem Lykaion und Ithome Cultbild und Tempel der alten Verehrung des Lichtgottes auf dem Apesasgebirge fremd waren. Der Mythus, dass der »Gewitterdämon» Perseus hier zuerst dem Zeus geopfert habe, scheint Bursian ein bedeutsamer.[2])

Nicht so ausgeprägt in den charakteristischen Merkmalen des Licht- und Höhencultes, aber durchaus ebenbürtig an Alter und Bedeutung reiht sich den erwähnten Culten der des Zeus 'Ιδαῖος an. Wir werden über die Bedeutung dieses Gebirges nach anderen Richtungen noch zu sprechen haben; hier seien die Züge des Cults, welche den obersten Gott betreffen, kurz angedeutet. Er ist sonder Zweifel einer der ehrwürdigsten und berühmtesten und erscheint bereits fertig gestaltet in der homerischen Ilias, welche den Ζεὺς πατὴρ 'Ίδηθεν μεδέων geradezu als Herrscher auf demselben, den Berg aber

---

[1]) Steph. Byz. s. v. 'Απέσας, Etym M. p. 176, 32. Vgl. auch Neumann und Partsch, Phys. Geographie von Griechenland, p. 77.

[2]) Bursian, Geographie von Griechenland, II, p. 30.

als Stätte seiner Vereinigung mit Hera feiert. So lesen wir XIV, 292 ff.:

> Here mit hurtigem Schritt erstieg des Gargaros Gipfel,
> Ida's Höh'; und sie sahe der Herrscher im Donergewölk Zeus.
> So wie er sah, so umhüllt' Inbrunst sein wallendes Herz ihm,
> Jener gleich, da zuerst sich beide gesellt zur Umarmung,
> Nahend dem bräutlichen Lager, geheim vor den liebenden Eltern.

Sehr anschaulich und die Stellung des Wolkengottes und obersten Schirmherrn bezeichnend ist ferner die Stelle Ilias VIII, 47 ff.:

> Schnell den Ida erreicht' er (Zeus), den quelligen Nährer des Wildes,
> Gargaros, wo ihm pranget ein Hain und duftender Altar.
> Dort nun hielt der Vater des Menschengeschlechts und der Götter,
> Löste die Rosse vom Wagen und breitete dichtes Gewölk aus.
> Selber setzt' er nunmehr auf die Höhe sich, freudigen Trotzes,
> Und umschaute der Troer Stadt und die Schiffe Achaias.

Der Priester aber, welcher auf den Höhen dem Herrscher das Opfer darbrachte, ward selbst dem Gotte gleich,[1] und dass dieser Cult auch in späterer Zeit, in der sich das geistige Leben in erster Linie auf das Mutterland concentrirte, unvergessen blieb, lehren viele Stellen aus den Tragikern, insbesondere die schönen Worte Aischylos, fr. 157: Οἱ θεῶν ἀγχίσποροι, οἱ Ζηνὸς ἐγγύς, ὧν κατ' Ἰδαῖον πάγον βωμός ἐστ' ἐν αἰθέρι.[2]

In gewissen Beziehungen zu dem idäischen Zeusculte steht die Verehrung des Göttervaters auf dem Gebirge Sipylos, jenem gewaltigen, an der Nordseite von Smyrna sich erhebenden Bergrücken, dessen weittragende mythologische Be-

---

[1] Vgl. Il. XVI, 605.
[2] Ueber Zeus als Regengott auf dem Ida vgl. Neumann und Partsch, Physikal. Geographie von Griechenland, p. 76.

deutung erst durch die verdienstlichen Arbeiten Stark's voll zur Geltung gebracht wurde.[1]) Thatsächlich war der Sipylos, wo nach homerischer Darstellung sich bereits die θεάων εὐναί fanden (Il. XXIV, 615), ein vielgerühmter Göttersitz; die Stadt Sipylos erscheint als πόλις πρώτη, als Ursitz menschlicher Gesittung. »Voran steht aber Zeus, welcher nach Eumelos von Korinth oder dessen Fälscher auf dem Tmolos, dem östlichen Nachbargebirge des Sipylos, und zwar als Ὕετιος geboren war, am Sipylos als Vater des Tantalos, als Gastgenosse desselben, aber auch als gewaltiger, mit dem vom Adler getragenen Blitz und Donner strafend vernichtender Gott erscheint.[2]) In entsprechender Weise werden die Worte des neuen Zeus Peisthetäros in Aristophanes' Aves, Vs. 1247 f.:

Den Palast ihm selbst um des Amphions Prachtgemach
Einäschern werd' ich mit der Adler Feuerbrand,

hier von Stark herangezogen.[3])

An sonstigen Belegen für die Verehrung des Zeus auf der in Rede stehenden Höhe, und zwar des Zeus Aetophoros, der auf Münzen Magnesias gerade der autonomen Zeit erscheint, ist kein Mangel. Freilich müssen wir bedauern, dass über den eigentlichen Cult directe Nachrichten fehlen, und wir denselben nur aus gewissen Andeutungen, wie aus der stimmungsvollen Sage von Philemon und Baucis (mit der Gründung eines Heiligthums des Zeus und des Hermes bei einer uralten Eiche), deren Hintergrund offenbar die Sipylosgegend bildet,[4]) ferner aus einer späten Erzählung, welche den Zeus Hypatos auf des Sipylos Gipfel die unendlichen Gewässer, welche er als Regengott gesendet, wieder zurückrufen lässt, ganz allgemein versinnbildlichen können.

---

[1]) Carl Bernhard Stark, Niobe und die Niobiden in ihrer literarischen künstlerischen und mythologischen Bedeutung, Leipzig 1863. Den in diesem Werke niedergelegten Ergebnissen folgt der Hauptsache nach auch unsere Darstellung.
[2]) Stark a. a. O., p. 411.
[3]) Stark a. a. O., p. 40.
[4]) Ovid, Metam., VIII, 621—724. Stark a. a. O., p. 412.

Wenden wir uns wieder zum griechischen Mutterlande, so bietet sich unter den dem obersten Lichtgotte gewidmeten Culten noch ein ziemlich weites Feld; [1]) aber die eigentlichen Merkmale derselben treten nicht immer in wünschenswerther Klarheit hervor; spätere Vorstellungen überwuchern die älteren, vielleicht ältesten, wie wir ja geradezu in dem lykäischen und ithomeischen Culte Zeugnisse sehr früher Anschauungen fanden. Ein gutes Beispiel einer solchen Stätte verschiedener auf einander folgender »Sagenschichten«, wenn man will, bietet der Kithairon, jenes rauhe Waldgebirge, das, im höchsten Gipfel 1410 M. erreichend, vom korinthischen Meerbusen in der Richtung von Westen nach Osten verläuft, die Südgrenze Boiotiens gegen Attika und einen majestätischen Hintergrund der Asopos-Ebene bildet. Man weiss, dass das Gebirge die Hauptstätte des Bakchos Eleutherios gewesen; aber die eigentliche Bedeutung des Berges in früherer Zeit lässt sich noch mit voller Sicherheit erweisen. Pausanias berichtet uns (IX, 1, 2; 3, 1 f.) von den Δαίδαλα, Festzügen, welche πρὸς ἄκρον τὸν Κιθαιρῶνα, also zum Kithairongipfel wallten und zu Ehren des kithaironischen Zeus abgehalten wurden. Der Berg versinnlicht »den Urgedanken der Vermählung von Himmel und Erde in Zeus und Here«.[2]) Freilich werden auch andere, weder Zeus, noch Dionysos betreffende Mythen an den Kithairon, der auch Asterion genannt wird, geknüpft; doch sind dieselben wohl spätere Erfindungen, Resultate der Speculation.[3])

Eine ähnliche Stellung hat der Zeuscult auf dem Parnass, der bekanntlich als apollinischer Berg gilt. Aber die Sage, welche altes Gepräge aufweist, lässt den Deukalion nach der unsäglichen Flut auf der südlichen, Delphi zugekehrten Spitze

---

[1]) Vgl. Welcker, Griechische Götterlehre, Göttingen 1867, I, p. 169 f.
[2]) Stark, Niobe, p. 314.
[3]) Zu diesen rechne ich den Mythos vom wilden Uebelthäter Kithairon, der seinen gottergebenen, sanftmüthigen Bruder in den Abgrund stürzt, selbst aber bei dem Frevel das Leben einbüsst und zum Berg umgewandelt wird. So ward der Kithairon zum Sitz der Erinyen, wie der Helikon zum Sitz der Musen. (Pseudopl., De fluv., II, 3. Geogr. gr. min. ed. Mueller, II, 640.)

des Berges landen und den Geretteten dem Zeus Lykoreios opfern.[1]) Wir haben also hier wieder die bereits (p. 11) besprochene Wurzel λυκ (lux); Lykoreios ist der Lichtgott, ein Zusammenhang, auf den Gewicht gelegt werden mag.

Die Stadt, welche Deukalion gründete, hiess Lykoreia, und wenn von dort aus erst Delphi gegründet wurde (nach Pausanias, X, 6), Apollo aber nach ihr den Namen Λυκορεύς erhielt,[2]) so ergibt sich der Apollocult auf dem Parnass klar als eine zweite Phase des an diesem Berge haftenden Sagenkreises.

In den Vorstellungen, die sich an Zeus, den hoch in den Lüften thronenden Gott, knüpfen, spielt, wie wir gesehen haben, die des Wolken- und Wettergebieters eine hervorragende Rolle. Sehr ausgeprägt nach dieser Richtung ist der Cult des Zeus auf dem Parnes, dem hohen waldigen Gebirge Attikas, südlich vom Asopus, zwischen dem Brilessos und Pentelikon gelagert. Dort stand auf weit ausschauendem Gipfel eine Statue des Ζεὺς Παρνήθιος und ein Altar des Ζεὺς Σημαλέος, also wörtlich Jupiter significativus,[3]) das heisst also des (wetter)anzeigenden Gottes. An diesen knüpfte sich vornehmlich (neben dem Cult auf einem anderen Altar, an dem man dem Ζεὺς Ὄμβριος oder Ἀπήμιος opfert) der Dienst der attischen Pythaisten, welche von ihrem Erdaltar aus in drei auf einander folgenden Monaten je drei Tage und drei Nächte, oder, wie Otfried Müller[4]) will, jeden Monat neun Nächte nach der ragenden Höhe zu schauen hatten. Zeigten sich dann die »pythischen Blitze«, so war dies ein glückverheissendes Zeichen, das den Aufbruch der feierlichen Procession auf der Theorenstrasse nach Pytho zur Folge hatte.

In ähnlicher Weise mit der Verehrung des wettergebietenden Gottes verknüpft sind die Opfer, welche man dem Zeus Aktaeus — ἀκταῖος, hier also weder in der Bedeutung Littoralis, noch Attikus, sondern eigentlich auf die Berges-

---
[1]) Apollodor, I, 7, 2.
[2]) Apollon. Arg., IV, 1488.
[3]) Theophr. de signis ser., p. 438.
[4]) Dorier, I, p. 240.

höhe ἀκτή hinweisend — auf dem Pelion darbrachte. Dikaiarch berichtet nämlich, dass zur Zeit der Hundstage, der ὀπώρα, welche in der Mythologie eine so bedeutende Rolle spielen, in dem auf dem Gipfel in der Nähe der Höhle des Cheiron ¹) befindlichen Heiligthum geopfert wurde, und fügt hinzu, dass hiebei die Opfernden in Pelze gehüllt gewesen, »um sich vor Kälte zu schützen«.

Mit Recht hat Emanuel Hoffmann ²) die Wahl der edelsten Jünglinge aus dem Volke durch den Priester, wie dies im Berichte ausdrücklich bemerkt wird, als bedeutungsvoll hervorgehoben und nicht minder richtig erkannt, dass die Begründung des unmittelbar folgenden Details, es seien »der Kälte wegen« die Felle frisch geschlachteter Schafe umgenommen worden, absurd sei. Auch stimmen wir bei, wenn der genannte Gelehrte in diesem Opferbrauch die Spuren ursprünglicher wirklicher Menschenopfer findet, nicht aber der weiteren Folgerung, es hätte dies Opfer nur dem grollenden, dem lebenden Geschlechte feindseligen, also ebenso wie auf Lykaion und Ithome, dem unterirdischen Gott gelten können. Die Substitution des Thieropfers für die Opferung des Menschen ist eine zu allgemeine, um die älteste Phase dieser Opfer stets als Dienst der Unterirdischen anzunehmen (vgl. Iphigenie, den biblischen Isaak). So wie wir den Cult heute kennen, war er dem auf heiliger, von altersher geweihter Stätte thronenden Gott (ἀκταῖος) gewidmet, und aus dieser Erkenntniss leiten wir die Berechtigung ab, ihn mit den arkadischen und messenischen Gebirgsdiensten in eine Linie zu stellen. ³)

¹) Dikaiarch. Fragm., 60, 8 (Fragm. Historicorum graecorum edidit Müller, II, p. 262): Ἐπ' ἄκρας δὲ τῆς τοῦ ὄρους κορυφῆς σπήλαιόν ἐστι τὸ καλούμενον Χειρώνιον, καὶ Διὸς ἀκταίου ἱερόν, ἐφ' ὃ κατὰ κυνὸς ἀνατολὴν κατὰ τὸ ἀκμαιότατον καῦμα ἀναβαίνουσι τῶν πολιτῶν οἱ ἐπιφανέστατοι καὶ ταῖς ἡλικίαις ἀκμάζοντες, ἐπιλεχθέντες ἐπὶ τοῦ ἱερέως ἐνεζωσμένοι κώδια τρίποκα καινά· τοιοῦτον συμβαίνει ἐπὶ τοῦ ὄρους τὸ ψύχος εἶναι.

²) Kronos und Zeus, p. 195.

³) Die Vliesshülle wird übrigens auch in anderem Sinne, und zwar als Symbol der Regenwolke gefasst, welche — in der heissen Zeit der ὀπώρα —

Kaum zu trennen von dieser Sage ist die Erzählung von Aktaion, die sich in gleicher Weise wie an Euboia und Boiotien auch an das Peliongebirge knüpfte. Von Cheiron erzogen und zum rüstigen Jäger herangebildet, wird er auf der Jagd von den eigenen, wuthkranken Hunden zerfleischt. Ueber die Ursache der von Zeus über ihn verhängten Strafe wird verschieden berichtet; wichtig ist die Deutung der Sage dahin, dass der nach anderer Version in einen Hirsch verwandelte Aktaion, sonst das Symbol des milden Frühlingshimmels, in den Siriustagen Hitzequalen erduldet. Die Wuth der Hunde wird nun in der Grotte des Cheiron besänftigt, welche Sage wieder auf den Cult des aktäischen Gottes zurückführt.

Gleichfalls in vorwiegendem Sinne Verehrung des Wettergottes war der auf Aigina, auf dem 531 M. hohen, schlechtweg ὄρος genannten Berge dem Ζεὺς Πανελλήνιος geweihte Cult. Die Sage [1]) berichtet, Zeus habe Aigina, die Tochter des Flussgottes Asopos, nach der damals noch unbewohnten Insel entführt, wo sie ihm den Aiakos, den späteren Herrn der Insel, gebar. War hiedurch schon die Abkunft des ältesten Fürstengeschlechtes als eine vom obersten Gotte stammende gekennzeichnet, so erschienen dementsprechend auch dessen Unterthanen insofern autochthone Creaturen des Zeus, als nach der (auch von Pind. Isth. VII, 18 ff.) erwähnten Sage die Ureinwohner, die Myrmidonen, von ihm aus Ameisen (μύρμηκες) erschaffen wurden. Trotz der klar zu Tage tretenden Naivität der Etymologie erscheint doch sowohl die Autochthonie der myrmidonischen Bevölkerung, als auch das hohe Alter der Zeusverehrung durch diese Erzählung veranschaulicht. [2]) Bezüglich des Opfers erzählte man, dass in Folge grosser Dürre Gesandte aller Staaten zu Aiakos, der als

---

den Gegenstand des Gebetes andeuten sollte; vgl. Neumann und Partsch, Physikal. Geographie von Griechenland, p. 76.

[1]) Apollod. III, 12, 6. Paus. II, 30, 3.

[2]) Die auf Aigina vorgefundene Inschrift auf einem Steine: Δι! Πανελληνίῳ, ist jedoch nach Ludwig Ross (Archäologische Aufsätze, I, p. 241) zweifellos eine plumpe Fälschung.

frömmster aller Menschen galt, gekommen, damit er im Namen aller Hellenen von Zeus Regen erflehe, welchem Wunsch sofortige Erfüllung folgte; ein klarer Beweis für die meteorologische Bedeutung des Cultes auf der Insel, welche wie in alten Zeiten so auch heute noch als »Wolken- und Regenwinkel« sichere Kennzeichen für die Wetterprognose bietet.[1]) Wichtig ist für uns die Form der Cultstätte: ein Altar von halbkreisartiger, aus grossen, unregelmässigen Steinen hergestellter Mauer umgeben;[2]) also dieselbe Art ursprünglicher Zeusverehrung, wie wir sie auch beim Lykaion und Ithome antrafen.

In aller Kürze registriren wir hier noch einige andere, dem höchsten Gotte geweihte Opferstätten, welche uns leider nur durch ganz vereinzelte und ungenügende Nachrichten bekannt werden. So des Zeus Laphystios auf dem wiederholt genannten, zwischen Koroneia, Lebadea und Orchomenos gelegenen Berge in Boiotien, dessen uralter Cult[3]) durch das Widderopfer inaugurirt wurde.[4]) Ferner erwähnen wir Euboias Vorgebirge Kenaion, auf dessen Altar Herakles der Sage nach das Siegesopfer nach der Einnahme von Euchalea dargebracht und den unglücklichen Lichas, den Ueberbringer des vergifteten Gewandes, ins Meer geschleudert haben soll.[5]) Der Zeus Atabyrios auf Rhodos wurde auf dem Rücken des gleichnamigen Berges thronend gedacht und pflegt nach volks-

[1]) Dem aiginetischen Cult des Regenzeus ähnlich war der Dienst des Zeus Ikmaios auf Keos: das Gebirge der Insel heisst jetzt Hagios Elias. Andere Altäre des Regenzeus (Hyettios und Ombrios) befanden sich ausser den bereits erwähnten Stätten noch auf dem Parnes und Hymettos (vgl. Paus. I, 32, 2, und Neumann und Partsch, Physikal. Geographie von Griechenland, p. 77). Bemerkenswerth ist, dass in der Capelle des Hagios Elias auf dem Hymettos auch heute noch Regengebete stattfinden (vgl. Neumann und Partsch a. a. O., p. 27, und Steffen bei A. Milchhöfer, Text zu den Karten von Attika, Heft II, Berlin 1883, p. 32).

[2]) Vgl. Bursian, Geographie von Griechenland, II, p. 85.

[3]) Paus. I, 24, 2; IX, 34, 4.

[4]) Λαφύστιος wird als Gulosus gedeutet und weist auf blutigen Cult.

[5]) Vgl. Bursian a. a. O., II, p. 410, wo auch die Literatur über diesen Cult sich angegeben findet.

thümlicher Vorstellung durch das ihn umlagernde Gewölk weit über das ganze aigaische Meer bis nach Kreta auszuschauen,[1]) während der Zeus Euanemos, »der erfrischenden Windhauch sendet«, auf luftiger, im Eurotasthale unweit Sparta gelegener Höhe verehrt wurde. Endlich sei noch der Zeuscult auf der oetaeischen Gipfelflur erwähnt, »wo die Wiesen nicht zu mähen« (nach Sophokles, Tr. 200, 436, 1191), nebst einigen anderen Cultstätten, von denen wenig mehr bekannt ist als der blosse Name.[2])

III. Tantalos und Atlas.

In gewissem Sinne verbunden mit der Vorstellung von dem Berggotte Zeus, von dem Thronenden, Ragenden, ist eine sagenpoetische Bildung, welche freilich trotz mannigfacher Phasen und Variationen lange nicht die Bedeutung für unsere Untersuchung haben kann, wie die des Zeus Ὕπατος, an welche sich auch nicht so viele locale Culte, überhaupt keine rituellen Gebräuche anknüpfen, die aber doch durch einige einschneidende Züge in den Rahmen unserer Zusammenstellung zu fallen scheint: wir meinen die Sage von Tantalos und Atlas.

Obgleich Tantalos eigentlich den Dulder, den gepeinigten Frevler bezeichnet, so ist doch die ursprüngliche Vorstellung von ihm eine andere, und zwar, wie zuletzt Stark in anschaulichster Weise gezeigt,[3]) auch die des Königs gewisser Höhen, wie Akrokorinth, von Argos, von der Bergstadt Sipylos, angeknüpft, verwachsen mit dem in den Himmel ragenden, ihn tragenden Berg selbst. Nach Stephanos Byzantios hiess eine Bergspitze in Lesbos sehr bezeichnend Tantalos, und unweit von Lesbos, durch einen schmalen Wasserstrich ge-

---

[1]) Pindar, Ol. VII, 160. Apollodor III, 21.
[2]) Ζεὺς Νεμέττος (Paus. I, 32, 2); Ζεὺς Αἰναῖος (Pindar, Ol. VI, 162).
[3]) Stark, Niobe, p. 427 ff, welcher trefflichen Darlegung wir uns auch hier anschliessen.

trennt, erscheint der schneebedeckte Sipylos, die Stätte des Tantalos, »über dessen Gipfeln er den Zeus zu Gaste lud«.[1]) Treffend erinnert Stark daran, dass für Sipylos die Bedeutung einer der Berge des Himmelsthores nachgewiesen wurde.[2]) So bedeutete Sipylos die «Götterpforte«, wie Σιβύλλα den »Gotteswillen«.

Tantalos wird also als der ἠεροφοίτης, der gleich dem wolkenumhüllten Berghaupt im Nebel wandelnde, als Grossvater des Neilos, als Gatte der Sterope, als Personification der Macht des um den Götterberg gelagerten, von Blitz und Donner begleiteten Gewitters gedacht: »aufgehängt und schwebend an dem hohen Berge, mit gebundenen Händen, weit ausgespannten Armen den Himmel tragend, eine irdische Abspiegelung des Himmelsgottes, des Zeus Hypsistos selbst«.[3]) Es bedarf keiner weiteren Erklärung, warum Tantalos, wenn er auf und unter die Erde sinkt, nun von einem in die Wolken ragenden Berge bedeckt wird, als welcher eben der Sipylos galt; wie denn auch ein altes Herrschergrab am schroffen Abhange desselben mit des Tantalos Stamm verknüpft wurde.

Etymologisch mit der im Namen Tantalos erscheinenden Wurzel verwandt ist der Name des Riesen Atlas, der auch hinsichtlich seiner mythologischen Bedeutung merkliche Analogien mit der eben besprochenen Sage aufweist. Homer (in der Odyssee, I, 51 ff.) spricht von

Atlas' Tochter, des Allerforschenden, welcher des Meeres Dunkle Tiefen kennt und selbst die ragenden Säulen Aufhebt, welche die Erde vom hohen Himmel sondern.

Das ἔχει im Vers 53, welches Voss mit »aufhebt«, also wohl »auf den Nacken hebt« wiedergibt, in welchem der Kern des ganzen Bildes ruht, wie auch das ἀμφὶς ἔχουσιν, bei

---

[1]) Nonn. Dion. XVIII, 24:
ὑπὲρ Σιπύλου δὲ καρήνων
Τάνταλος, ὥς ἐνέπουσι, τεὸν ξείνισσε τοκῆα.

[2]) Vgl. Bergk, Neue Jahrbücher für Philologie und Pädag., LXXXI, p. 403.

[3]) Stark a. a. O., p. 428.

Voss »sondern«, haben getheilte Auslegung gefunden. Man wird sich denjenigen anschliessen dürfen, welche Atlas mit eigenem Leibe die Säulen des Himmels tragen lassen. Ob dagegen mit Preller und Stoll [1]) anzunehmen sei, dass man unter Atlas »die Tragkraft des Meeres« zu verstehen habe, bleibt dahingestellt. ²) Für uns ist nur die Localisirung des Namens von Interesse. Wie oben bei Tantalos, ebenso, nur in weit ausgezeichneterer Wahl, findet sich die Vorstellung in dem hohen Gebirge des nordwestlichen Afrika verewigt, eine Identification, deren Alter wahrscheinlich weit hinaufreicht; wenigstens treffen wir sie bereits bei Herodot, der (IV, 184) berichtet, dass μετὰ δὲ δι' ἄλλων δέκα ἡμερέων ὁδοῦ ἄλλος κολωνὸς ἁλὸς καὶ ὕδωρ sich befinde καὶ ἄνθρωποι περὶ αὐτὸν οἰκέουσι· ἔχεται δὲ τοῦ ἁλὸς τούτου οὖρος, τῷ οὔνομά ἐστι Ἄτλας· ἔστι δὲ στενὸν καὶ κυκλοτερὲς πάντῃ, ὑψηλὸν δὲ οὕτω δή τι λέγεται, ὡς τὰς κορυφὰς αὐτοῦ οὐκ οἷά τε εἶναι ἰδέσθαι· οὐδέποτε γὰρ αὐτὰς ἀπολείπειν νέφεα, οὔτε θέρεος οὔτε χειμῶνος· τοῦτο τὸν κίονα τοῦ οὐρανοῦ λέγουσι οἱ ἐπιχώριοι εἶναι.

Dass die Sage von dem gewaltigen Himmelsträger bis in die spätere Zeit unvergessen blieb, lehrt eine Reihe von Dichterstellen aus der augusteischen Periode, von denen einige für die mythologische Weiterbildung des Stoffes zu charakteristisch sind, als dass sie hier übergangen werden können. Vergil ist der Maler, Ovid der Fabulist. Bei jenem finden wir den Atlas beschrieben als den Berg, der mit dem Scheitel den Himmel trägt, dessen piniengekröntes Haupt fortwährend in Wolken gehüllt, von Regen und Sturm gepeitscht erscheint, und dessen Schultern schwere Schneemassen verhüllen. Flüsse stürzen aus dem Kinne des Greises, der struppige Bart starrt von Eis, wobei die poetische Schilderung des Bergriesen, beziehungsweise Riesenberges, meisterhaft entworfen ist.

---

[1]) Vgl. Pauly's Real-Encyclopädie ², p. 2036.

»Mehr Berggott denn Meergott« auch bei Hahn, Sagwissenschaftliche Studien, Jena 1876, p. 186.

Ovid dagegen (Metam., IV, 631 ff.) erzählt von dem unermesslichen Reichthum des Königs Atlas, des Herrn unabsehbarer Herden und der Gärten der Hesperiden, der dem Perseus schnöde die Gastfreundschaft verweigert. Dieser weicht dem Kampfe aus:

quis enim par esset Atlanti viribus?

Aber er rächt in furchtbarer Weise den Frevel, indem er dem Atlas den Gorgonenschild vorhält. Dieser wird, quantus erat, zum Berge. Weit und breit dehnt sich noch die Gebirgsmasse aus, nach dem Rathschluss der Götter, und der ganze Himmel und alle Sterne ruhen auf ihm.

Dies die mythologische Auffassung des Atlas, soweit sie hier zur Besprechung kommen zu sollen schien; von Opfergebräuchen auf dem Gebirge selbst ist nichts überliefert.[1]

IV. Der kretische Zeus. Die übrigen Götter.

Von den Sagen, welche den Zeus als obersten Herrn und Hort feiern, müssen jene mythologischen Erzählungen gesondert werden, die sich mit der Geburt des Gottes beschäftigen und vornehmlich einem bestimmten Kreise angehören, dem kretischen.

Mit Recht nennt Preller die ganze Insel eine dem Zeus ergebene; die Stätte aber, welche so recht geeignet erschien, den Schauplatz für das geheimnissvolle Werden des Gottes abzugeben, ward auf den dem Menschenauge gewissermassen entrückten Gipfel des höchsten, wolkenumschleierten Berges der Insel verlegt, auf den 2460 M. hohen Ida.[2] Die Grund-

---

[1] Vgl. die Literaturangaben in Pauly's Real-Encyclopädie und Roscher's ausf. Lex. der griech. und röm. Mythologie, s. v.

[2] Nach einer minder verbreiteten Sage war die Stätte, wo Zeus aufgezogen wurde, das Gebirge Dicte bei Präsos (vgl. Preller⁴, I, 133).

züge der Sage sind bekannt: Hesiod berichtet (Theog., 470 ff.), dass Rhea auf Geheiss ihrer Mutter, um den Zeus vor dem kinderverschlingenden Kronos zu retten, nach Kreta gezogen sei:

Jetzt hintragend das Kind durch der Nacht schnellfliehendes Dunkel,
Kam sie gen Kyklos zuerst, und sie nahm mit den Händen und barg es
Unter dem hohen Geklüft, im Schoss des heiligen Landes
An dem aigaischen Berg voll dicht verwachsener Waldung.

Hier, in dieser Berg- und Waldeinsamkeit verlebt Zeus seine Jugend; seine Pflegerinnen sind nach der ältesten und sinnigsten Auffassung Melissa und Amalthea, die Biene und die Ziege, »die idyllische Scenerie vom Knäblein, das im einsamen Waldgebirge emporwächst«. Andere Versionen ersetzen diese nährenden Elemente durch Nymphen; die raisonnirende Darstellung nennt einen König Melissus, dessen Töchter Amalthea und Melissa das Kind mit Milch und Honig aufzogen. [1]) Als eine Art von Bergdämonen erscheinen in der Sage die Kureten, welche dem göttlichen Knaben als Wache beigegeben sind und ihn in heiligen Tänzen umkreisen; der Vergleich mit den tanzenden Berggeistern der deutschen Mythologie liegt nahe. [2]) Das Ἰδαῖον ἄντρον genoss im Alterthum grosses Ansehen, war Stätte eines wohlgepflegten Cultes, wie die Fülle der dort niedergelegten Weihegeschenke beweist. [3]) Durch diesen Dienst unterscheidet sich auch der eben angedeutete Mythus von den übrigen, das Zeuskind betreffenden Sagen, welche, obwohl gleichfalls an Bergen haftend, von uns übergangen werden können. [4])

---

[1]) Didymos b. Lact., I, 22, 19.
[2]) J. Grimm, Deutsche Mythologie⁴ p. 372. Ausführliches hierüber bei Preller in Pauly's Real-Encyclopädie, s. v. (Bd. 4, p. 597).
[3]) Vgl. Bursian, Geographie von Griechenland, II, p. 532.
[4]) So der lydische Tmolos und die sich an das parrhasische Gebirge in Arkadien knüpfende Erzählung bei Kallimachos, Hymn. in Jov. 6 ff., über einen auf dem (heute allerdings noch nicht ganz sicher eruirten Berge Thau-

Desto bedeutsamer sind aber die Cultstätten der Rhea Kybele, welche, wie wir eben sahen, zum Zeusmythus in so innige Beziehung tritt. Die Versinnbildlichung des grossen Gedankens, dass aus dem Leibe der Mutter Natur der gewaltigste aller Götter den Ursprung, aus ihren Brüsten die erste Labung nehme, konnte nirgend anders und nirgend besser ihren Schauplatz finden, als auf den majestätischen Gebirgen Kleinasiens und Kretas. Sie heisst geradezu die Μήτηρ ὀρεία, auch Ἴδα, Ἴδη (Waldgebirge). Allerdings sind auch hier Vorstellungen verschiedener göttlicher Wesen verschmolzen. Der Dienst der Kybele ist phrygischen Ursprungs, er wandert nordwärts und findet auf dem Idagebirge in dem Cult der Mater Idaea, »wohl zuerst einer nährenden Nymphe des Berges«, [1]) eine verwandte Gestalt, und es vermählen sich phrygischer und altheimischer Glaube. Ferner heisst Rhea die Σιπυληνή, die nach Stark's Ansicht [2]) eine echt griechische Vorstellung als Grundlage besitzt, sich aber gleichfalls dem Einfluss des Kybelecults nicht entziehen konnte. Später eint sich der Begriff von der bergbewohnenden, allnährenden Gaea, der Zeusmutter, der Kybele: [3]) in diese Zeit fällt auch der glänzende Cult der Sipylene in Magnesia und in Smyrna. Ein weiteres Epitheton ist Δινδυμηνή, welches uns auf den den Pessinus überragenden Berg Dindymos, also auf eigentlich phrygische Stätte führt. [4]) Der Wildheit der Scenerie, welche diese heiligen Kybelehöhen umgibt, entspricht auch der orgiastische Cult der Göttin, welcher dem des Dionysus nahetritt

---

masion in Arkadien, der Rhea gewidmeten Cult. Vgl. Bursian, Geographie von Griechenland, I, p. 310. Ueber die Lage dieses Höhenzuges siehe auch Neumann und Partsch, Physikal. Geographie von Griechenland, p. 183.

[1]) Stark, Niobe, p. 400.
[2]) Ibid. p. 414.
[3]) Soph. Phil. 391 ff. Strabo XIV, 1, 37.
[4]) Von Pessinus ging auch die Sage aus, dass Zeus (vielmehr der phrygische Himmelsgott) auf dem heiligen Felsgipfel Agdos die Rhea befruchtet und eine wundersame Zwittergestalt erzeugt habe, welcher ein wunderbar schöner Knabe seinen Ursprung dankt, der Geliebte der grossen Gebirgsmutter Agdesibis (Preller, Griech. Myth., I, 533 f.). Quellen: Paus. VII, 17, 5, und Arnobius V, 5—7.

(vgl. weiter unten). Das Gefolge der Göttin bilden die bereits erwähnten Kureten, dann die Korybanten und die sogenannten idäischen Daktylen.[1]) Von den Sagen, welche Zeus und Hera, das heisst das eheliche Verhältniss der beiden obersten Gottheiten feiern, wurde früher bereits eine erwähnt.[2]) Zu den merkwürdigsten Mythen, welche dies Beilager feiern, gehört aber diejenige, welche vom Scholiasten des Theokrit (zu Idyll XV, 64) angeführt wird und an den sogenannten Kuckucksberg,[3]) Kokkygion, sonst Thornax genannt, anknüpft.[4]) Den Mythos vom Gotte Zeus, der in Kuckucksgestalt unter Erregung eines grossen Sturmes sich mit Hera dort vereint, wo das Heiligthum der Ἥρα τελεία steht, ergänzt Pausanias[5]) in wünschenswerther Weise durch die Angabe, dass dies Heiligthum auf dem Berge Pron dem Kokkygion gegenüber gestanden, und dass jener ein Heiligthum des Zeus trug. Das göttliche Paar, die Idealisirung der grossartigen Naturgewalten, wurde daselbst im Lenze bei fröhlichen Festen gefeiert.

Will man noch weiter gehen, so kann man mit Wieseler[6]) in dem Mythos einen »Fingerzeig auf die Umbildung der alten pelasgischen Göttin in die königliche Gattin des hellenischen Zeus« erblicken, »eine Umbildung, welche zu-

---

[1]) Ueber diese Preller, Griech. Myth., I, p. 539—544, und Metzger in Pauly's Real-Encyclopädie VI. p. 53 ff.

[2]) Vgl. S. 10.

[3]) Ueber die Oertlichkeit vgl. Curtius, Peloponnes II, 463.

[4]) Wir setzen die unsere wichtigste Quelle für den Mythus bildende Notiz hier im Auszuge her (Arist. Fragm, Par. Ausg., p. 256): Τὸν γὰρ Δία μυθολογεῖ ἐπιβουλεύειν τῇ Ἥρᾳ μιγῆναι ... Βουλόμενον δὲ ἀφανῆ γενέσθαι ... τὴν ὄψιν μεταβάλλειν εἰς κόκκυγα καὶ καθίσαι εἰς ὄρος, ὃ πρῶτον μὲν Θόρναξ ἐκαλεῖτο, νῦν δὲ Κόκκυξ. Καὶ χειμῶνα ποιῆσαι δεινὸν ... Τὴν δὲ Ἥραν πορευομένην μόνην ἀφίκεσθαι πρὸς τὸ ὄρος καὶ καθέζεσθαι ἐπ' αὐτό, ὅπου νῦν ἐστιν ἱερὸν Ἥρας τελείας. Τὸν δὲ κόκκυγα ἰδόντα καταπετασθῆναι καὶ καθεσθῆναι ἐπὶ τὰ γόνατα αὐτῆς... Τῆς δὲ τὴν μίξιν παραιτουμένης διὰ τὴν μητέρα, αὐτὸν ὑποσχέσθαι γυναῖκα ταύτην ποιήσασθαι.

[5]) II. 36. 2.

[6]) Pauly's Real-Encyclopädie, IV, p. 544.

gleich als eine Erhebung derselben aus ihrer physikalischen Bedeutung zur Walterin über das sittliche Verhältniss der Ehe unter den Menschen zu betrachten ist«.¹) Hera selbst sendet aber nach alter Vorstellung Sturm und Blitz und waltet in ähnlicher Weise wie ihr hoher Gemahl.²) Daher wird erklärlich, dass sie in gewissen Fällen zur Höhengöttin wird, wenn auch diese Seite des Cultes bei weitem nicht so ausgeprägt erscheint wie bei Zeus. Das Beiwort ἀκραία versinnlicht auch mehr das Walten des Numens auf den Akropolen der Städte als auf den Gipfeln der Berge,³) und in diesem Sinne fassen wir auch den Cult zu Larisa (Paus. II, 24, 1) und in Korinth (Strabo VIII, 380) auf.

Dass sie Ἥρα αἰγοφάγος genannt wird, ist allerdings bemerkenswerth; ebenso werden Eichenbilder der kithaironischen Hera erwähnt,⁴) sowie ein Doppelheiligthum auf einem Hügel

---

¹) Diese »physikalische Bedeutung« der Göttin ist auch für unsere Untersuchung nicht ohne Wichtigkeit. Die Vereinigung des Uranos und der Gaia, des Zeus und der Hera ist die fruchtbringende Benetzung der Erde durch den Himmel, ein Mythus, dessen Grundzüge am besten durch Neumann und Partsch, Physikal. Geographie von Griechenland, p. 77 ff., klargelegt wurden. Er ist, wie diese Gelehrten richtig bemerken, in einer Reihe von Dichterstellen (vgl. weiter unten das Fragment aus Aesch. Dan. bei dem Abschnitt Aphrodite, ferner Eur. Fragm. 839, Homer Il. XII, 152 ff. u. A.) ganz unverkennbar ausgedrückt, und es hat sich diese uralte Auffassung auch in einer Reihe von Bergculten abgeklärt. Wir nennen (nach Neumann und Partsch) das Arachnaion (Paus. II, 25, 10) bei Epidaurus, 1199 M. hoch und in seinem westlicheren Theile auch heute noch Hagios Elias genannt (Bursian, Geographie von Griechenland, p. 72); ferner ausser dem bereits genannten Thornax bei Hermione den Kithairon (Plut. Arist. 11; Paus. IX, 3, 1—8), den Berg Ochoa auf Euboia (Steph. Byz. s v. Καρύστιος), jetzt gleichfalls Hagios Elias genannt (Neumann und Partsch, p. 186). Vgl. auch über diese localen Mythen Rich. Förster, Die Hochzeit des Zeus und der Hera, Breslau 1867, p. 17—19. welche Schrift mir nicht zugänglich war. Der uns so häufig begegnende moderne Bergname Hagios Elias findet sich noch auf Lesbos, Santorin, Melos u. A. (vgl. Neumann und Partsch, p. 107, 275, 294); Hagios Konstantinos und Hagios Nicolaos, Berge auf Euboia (ibid. p. 260 und 312).

²) Vgl. Preller, Griech. Myth., I¹, p. 109.

³) Vgl. Weicker, Griech. Götterlehre, I, p. 171.

⁴) Vgl. Thiersch, Ueber die Epochen der bildenden Kunst unter den Griechen, I, p. 6, Anmerkung.

des Eurotasthales, in dem sie als ὑπερχειρία, als Schirmherrin der Stadt und Schützerin bei einer Ueberschwemmung, verehrt wurde. ¹)

Nicht sowohl Berg-, als vielmehr als Burgherrin, und zwar in diesem Sinne κατ' ἐξοχήν, ist auch Athene, wie dies die bekannten Namen πολιάς, πολίαχος, πολιᾶτις, ἀστύοχος, Ἰλίας, Σθένιας andeuten. ²) Wenn wir hören, dass auf dem hart am Meere gelegenen Berge Pontinus in Argolis ein Tempel der Athene gestanden habe, so gilt das Heiligthum wohl nur analog dem grossen Standbilde der Göttin zu Athen als weitragendes Wahrzeichen für die herankommenden Schiffe, da der genannte Berg, wie aus der in Bursian's Handbuch, Band II, Tafel II, 3, beigegebenen Skizze ersichtlich, das Meer in ausgedehntem Umkreis beherrschte. Auch die merkwürdige, bei Antigonos Karystios erhaltene Sage, nach welcher Athene sich aus Palene behufs Befestigung der Akropolis einen Berg hergeholt, ihn aber unterwegs fallen gelassen habe, so dass aus ihm der Lykabettos bei Athen geworden, erscheint nur als eine phantasiereiche Verherrlichung der helfenden und schutzbietenden Burg- und Stadtgöttin. ³)

Burggott war auch Apoll, wie beispielsweise das auf der höchsten Felsklippe Akrokorinths gelegene Heiligthum des Gottes beweist, der mit Aphrodite dies Capitol beherrschte. Aber der Dienst des Apoll, bekanntlich einer der vielgestaltigsten, welchen die griechische Mythologie aufweist, ging weiter

---

¹) Vgl. Curtius, Peloponnes, II, p. 233. Die Quelle ist Paus. III, 13, 6.

²) Vgl. Preller, Griech. Myth., I, p. 220.

³) Auf einem kleinen, nur 190 M. hohen Hügel der Insel Aegina, welcher mit dem Ὄρος nicht zu verwechseln ist, lag ein Tempel der Athene, von dem heute noch reichliche Ueberreste vorhanden sind (vgl. Bursian, Geographie von Griechenland, II, p. 84). Der Tempelbezirk war jedoch ziemlich ausgedehnt, wie aus einer lehrreichen Notiz, die Ludwig Ross über eine In schrift (vgl. seine Archäol Aufsätze, p. 243 ff.) veröffentlichte, klar hervorgeht. Der Stein stammt etwa aus dem letzten Jahrzehnt vor Euklides, ist heute über

und höher; wir können ihn thatsächlich als Berggott in gewissem Sinne betrachten, wenngleich bei solchem Urtheil immer Vorsicht nöthig und bei dem Mangel entsprechender Zeugnisse kaum die wünschenswerthe Sicherheit zu gewinnen ist. Immerhin darf als wahrscheinlich gelten, dass Apoll auf dem Taleton, einem Gipfel des Taygetos, auf welchem dem Gotte unter Anderem auch Pferde geopfert wurden, als Herrscher des Berges gedacht wurde.[1])

Diese Wahrscheinlichkeit steigert sich zur Gewissheit bei einem arkadischen Apollcult, bei dem von Phigalia ausgegangenen Dienst des Gottes auf dem Kotilion. In einer Höhe von mehr als 1000 M. über dem Meere liegt dort ein Tempel des Gottes, »dessen heitere Schönheit inmitten der wilden Berggegend Staunen und Ueberraschung erweckt«.[2]) Nördlich von dem Heiligthume, das zu den am besten erhaltenen in ganz Griechenland gehört, erhebt sich der höchste Gipfel des Berges. Die Grossartigkeit der Situation ebensowohl als die Aussicht leihen der Stätte eine hohe Weihe, wie denn der Cult an derselben als ein bedeutsamer und in frühe Zeiten hinaufreichender angesehen werden muss. Wenigstens ist es bekannt, dass die Bewohner des benachbarten Bassai nach dem furchtbaren Pestjahre zu Beginn des peloponnesischen Krieges zum Danke dafür, dass sie Apoll vor

---

der Thür einer kleinen, aber sehr alten Capelle des heil. Athanasios eingemauert und enthält die Worte:

Ὄρος
Τεμένους
Ἀθηναίας.

Da die steinigen Höhen, auf denen der Tempel liegt, auch im Alterthum wenig wirthbar gewesen sein mögen, hält es Ross nicht für unwahrscheinlich, dass der Τέμενος sich bis zur Capelle ausdehnte. »Dieser Grenzstein mag auch den Erbauer der Kirche bestimmt haben, dieselbe wegen des ähnlichen Anklangs der Namen dem heil. Athanasios zu weihen.«

[1]) Vgl. Curtius, Peloponnes, II, p. 204 und die Anmerkung. Ob der Berg identisch sei mit dem »heil. Eliasberge«, welcher die bedeutendste Höhe (2409 M.) erreicht, ist bei der geringen Präcision der Angaben des Pausanias nicht zu bestimmen.

[2]) Vgl. Curtius, Peloponnes, I, p. 325.

der drohenden Gefahr errettet, dem Gotte eben jenen prachtvollen Tempel zu weihen beschlossen und hiezu Iktinos von Athen, den berühmtesten Künstler seiner Zeit, beriefen, der eben das Parthenon vollendet. Dass Apoll hier im Gebirge als helfender und heilender Gott thronte, als 'Επικούριος, welcher hochragend die rettende Hand ausstreckt, die Menschheit schützt und Verderben abwehrt, ist zweifellos.[1])

Die berühmtesten, Apoll geweihten Höhen waren aber der Helikon, jene hohe, wildschöne Gebirgskette mit schneebedeckten Gipfeln, und der Parnass, »der zweiköpfige« Berg bei Delphi. Es kann weder hier, wo wir die apollinischen Mythen und Culte behandeln, noch bei irgend einer anderen Gelegenheit unsere Aufgabe sein, die Fülle der sich an eine bestimmte Höhe, wie zum Beispiel oben beim Parnass, knüpfenden Sagen auch nur andeutend zu behandeln. Wir suchen in erster Linie nach der Verehrung des Berggottes, des gefeierten, durch Opfer verehrten Herrschers auf demselben. So rücken die Grenzen der Darstellung aneinander, wie denn ja der berühmteste aller Culte im Parnassgebiete, der delphische, doch gewiss nicht ein Bergdienst genannt werden kann. Wir nennen Apoll als den Reigenführer auf dem Helikon, dem Musensitze; wir nennen Aganippe und Hippokrene, erwähnen den Reichthum an heilkräftigen Kräutern des Helikon, welcher zum Cult des Heilgottes wesentlich beigetragen haben mag; erwähnen die Mainadenfeier auf dem Gipfel des Parnass, die allerdings eher dem Bacchuscult angehört, bei welchem wir auf denselben zurückkommen werden. Wir kennen die verschiedenen Bedeutungen dieser poetischen Bildungen und die verschiedenen Richtungen, nach welchen sich in ihnen das Numen äusserte. Die vorherrschenden Eigenschaften eines Berggottes, durch welche Zeus ausgezeichnet wurde, die Verehrung des ragenden, thronenden Gottes erscheinen

---

[1]) Der Tempel, welcher auf dem arkadischen Berg Lykone errichtet worden war, gehört dem Sagenkreise von Leto und ihrem Kinde Apoll an. Vgl. Paus. II, 24, 5, und Preller, Griech. Myth., I⁴, 234.

gerade in diesen am meisten gefeierten Gebirgsstätten in weit geringerem Masse als in früher erwähnten Culten.

Auch der Mythus der mit dem Sonnengotte für gewöhnlich zusammengestellten Artemis zeigt manche Hinweise auf Bergculte, leider jedoch so wenig ausgesprochen und für uns so dunkel, dass wir uns auch hier mit Andeutungen begnügen müssen. Thatsächlich war ihr »eigentliches Gebiet« das idyllische Stillleben der freien Natur in Bergen und Gründen; [1]) sie hiess bis in die späteste Zeit »Montium domina«,[2]) und als solcher waren ihr Ziegen und Böcke, welche die Höhe lieben, geweiht.[3]) Eine Verbindung mit Aigis in dem oben besprochenen homerischen Sinne ist aber entschieden abzuweisen. Anmuthig ist die Schilderung der Göttin in dem Liede Nausikaa's (Odyssee VI, 102 ff.):

Wie die Göttin der Jagd durch Erymanthos Gebüsche
Oder Taygetos Höh'n mit Köcher und Bogen einhergeht
Und sich ergötzt, die Eber und schnellen Hirsche zu fällen.

Doch steht naturgemäss hier die Jägerin im Vordergrunde, und wenn auch die Verehrung der Göttin auf dem Taygetos bezeugt ist, so wird sich doch ein Cult derselben, welcher sie als Höhengöttin in unserem Sinne auffasste, kaum nachweisen lassen. Berühmt war allerdings das Heiligthum der Artemis auf dem Gipfel des Berges Lykone in Argolis.[4]) Doch stimmt die heute gangbare Deutung der Artemis Ὀρθία, Ὀρθώσια keineswegs mit dem einer Göttin der Berge.

Anders verhält es sich mit Hermes. Dieser Gott hat sich bei der ausserordentlichen Vielseitigkeit, welche sein

---
[1]) Preller, I, p. 300.
[2]) Maxim. Tyr. XXXVIII, 8; Catull. XXXIV, 9—12.
[3]) Artemis Δερρεᾶτις Paus. III, 20, 7. Ausserdem vgl. Curtius, II, 251, und Preller, Griech. Myth., p. 307. Preller a. a. O., p. 304 und 306, fasst auch Kallisto und Taygete als Hypostasirungen der Artemis, und so erschiene denn diese Göttin als Stammmutter der arkadischen und lakonischen Gebirgslande.
[4]) Vgl. Curtius, Peloponnes, II, p. 257 und 364.

Wesen auszeichnet, einen hervorstechenden Zug gewahrt, der ihm in den ältesten Sagen in bedeutsamer Weise beigelegt wird. Der Gott, welcher den patriarchalischen, in Heerden bestehenden Reichthum schenkt, erscheint hiedurch begabt mit einem Ausflusse der königlichen Macht; das Symbol derselben, das Scepter, geht durch ihn an die Atriden über, wie auch der goldene Widder, das Sinnbild dieses königlichen Geschlechtes, von Hermes stammt. So darf es nicht Wunder nehmen, dass der mit so hervorragender göttlicher Wirksamkeit Begabte, obwohl schlicht und einfach in seinem Wesen, zum Gott der Höhe wird, wie uns dies schon der alte homerische Hymnus in Mercurium überliefert: Κυλλήνης μηδέοντα καὶ Ἀρκαδίας πολυμήλου, und dass der Kyllene, dieser heerden- und triftenreiche Berg Arkadiens, die Stätte seines Werdens, seines Waltens und seiner Verehrung wurde. Auf dem Vorberge Τρίκρηνα soll der kleine Hermes durch Nymphen auferzogen worden sein, dort wurden ihm Ἕρμαια gefeiert, und auf dem Gipfel besass er ein berühmtes Heiligthum, [1]) das freilich schon zur Zeit des Periegeten in Trümmern lag. Aber hochbedeutsam für die Weihe der Gegend und sichtlich an die alten Opferstätten des Zeus mahnend ist die Erzählung, dass die Opferasche von einem Jahre zum anderen ohne Störung ruhe, so hoch sei das geweihte Berghaupt über Wind und Wetter erhaben. [2])

Als andere Stätte, wo Hermes seine Jugend verbracht, wird das Gebirge Akakesion im mainalischen Gebirge ge-

---

[1]) Vgl. Paus. VIII, 14, 10.

[2]) Geminus, elem. astr., I, c. 14: Οἱ γοῦν ἐπὶ τὴν Κυλλήνην ἀναβαίνοντες ὄρος ἐν τῇ Πελοποννήσῳ ὑψηλότατον καὶ θύοντες τῷ καθωσιωμένῳ ἐπὶ τῆς κορυφῆς τοῦ ὄρους. Ἑρμῇ ὅταν πάλιν δι' ἐνιαυτοῦ ἀναβαίνοντες τὰς θυσίας ἐπιτελῶσιν, εὑρίσκουσι καὶ τὰ μηρία καὶ τὴν τέφραν τὴν ἀπὸ τοῦ πυρὸς ἐν τῇ αὐτῇ τάξει μένουσαν, ἐν ᾗ καὶ κατέλιπον, καὶ μηθ' ὑπὸ πνευμάτων μηθ' ὑπὸ ὄμβρων ἠλλοιωμένα· διὰ τὸ πάντα τὰ νέφη καὶ τὰς τῶν ἀνέμων συστάσεις ὑποκάτω τῆς τοῦ ὄρους κορυφῆς συνίστασθαι. Nach Olympiodor aus Alex. Aphr., p. 6 bleiben die in die Opferasche geschriebenen Buchstaben von einem Jahre zum anderen. Die Stellen sind gesammelt bei Curtius, Peloponnes I, 215, A. 25, woselbst auch ein Grammaticus ad Arist. Meteor., p. 82 a, über ὑπερνεφή καὶ ὑπερήνεμα Joannes ὄρη citirt wird.

nannt,[1] als Oertlichkeit seines Verkehrs mit den Nymphen vorzüglich der troische Ida bezeichnet.[2] Ein Dienst des Gottes auch am Sipylos wird von Stark[3] vermuthet. Sicher ist, dass sich keiner dieser letztgenanten Mythen mit dem von Hermes Kyllenios vergleichen kann.

Auch bei einer anderen Gottheit scheint es geboten, auf gewisse eigenthümliche Züge der mythologischen Vorstellung hinzuweisen, um die Verehrung derselben auf Höhen zu rechtfertigen und die Cultstätten selbst auf den Bergen in richtigen Zusammenhang mit diesen Vorstellungen zu bringen. Aphrodite erscheint allgemein als Göttin der Anmuth und der Liebe, sie ist nach der wohl verbreitetsten Ansicht die sanfte, zarte, weiche Göttin, und nach dieser Auffassung von der Vorstellung, die wir uns von einer gebietenden Höhengöttin machen, grundverschieden. Es ist aber nöthig, den verschiedenen Phasen des ursprünglich orientalischen Cults auf hellenischem Boden nachzugehen, um — wenngleich etwas ausholend — jene Seite der poetischen Bildungen zu erfassen, welche den Aphroditemythus doch schliesslich in den Rahmen unserer Untersuchung einfügt. Aphrodite ist zwar bei Homer ob ihrer Weichlichkeit wiederholt Gegenstand des Hohnes, ja der Misshandlung.[4] Aber der Dichter, der alle Tiefen menschlicher Empfindung kennt und seine Götter nach dieser Erkenntniss darstellt, weiss auch von der überwältigenden Macht der Göttin und ihren Reizen zu erzählen.[5] In voll-vollendeter Weise schildert jedoch das gebietende Walten der Göttin, auf welches es uns hier zunächst ankommt, der homerische Hymnus auf Aphrodite (V. 3 ff. und 69 ff.). Alles, was in Luft, Wasser, Erde lebt und webt, ist ihr unterthan, die Götter selbst beugen sich vor ihrer Macht, und die wilden

---

[1] Vgl. Paus. VIII, 36, 10; Bursian, Geographie von Griechenland, II, p. 239.
[2] Hymnus in Ven., Vs. 262.
[3] Stark, Niobe, p. 416.
[4] Vgl. Il. V, 331 ff.; XXI, 424 f.; III, 400.
[5] Il. III, 396 f.; XIV, 214 f.

Thiere kommen paarweise schmeichelnd und huldigend, da Aphrodite den geliebten Anchises auf dem Idaberge heimsucht. Diese Schilderung scheint uns — im Gegensatz zu einer erst kürzlich gebotenen Auslegung dieser Stelle [1]) — weit mehr als die Versinnbildlichung des »auf die Fruchtbarkeit gerichteten Triebes« der ganzen vegetabilischen und animalischen Welt. Gerade der Umstand, dass der Mythus die idealisirten Menschen, die Götter nennt und unter den Thieren nicht die fruchtbarsten, sondern die wildesten wählt, beweist die Bedeutung desselben als Verherrlichung der allumfassenden und Alles bewältigenden Kraft der Liebe. Aphrodite ist, wie Preller [2]) richtig sagt, eine »kosmische, das Weltall umfassende Göttin; sie ist eine Symbolisirung der Liebe, mit welcher »der Himmel die Mutter Erde liebt«, wie ja Aeschylos dies in den herrlichen Versen (Fragm. Dan. Nr. 43, ed. N.)

Es sehnt der heilige Himmel sich, zu umfah'n die Erd',
Sehnsucht ergreift die Erde, sich zu vermählen ihm;
Vom schlummerstillen Himmel strömt des Regens Guss,
Die Erd' empfänget und gebiert den Sterblichen
Der Lämmer Grasung und Demeters milde Frucht;
Des Waldes blüh'nden Frühling lässt die regnende
Brautnacht erwachen.

schildert und Sophokles in einem wunderbaren Chorliede (Antigone 781—800) die ἄμαχος Ἀφροδίτη feiert — ein einladender, begeisternder Vorwurf auch für die bildenden Künstler, unter denen besonders Phidias durch seine schöne Gruppe auf dem Sockel des berühmten Zeusbildes hervorragt, welche die aus dem Meere aufsteigende Göttin, von Eros auf dem Lande empfangen, von Peitho bekränzt, von allen Göttern des Himmels, der Erde, des Meeres bewundert und umgeben darstellt. So begreifen wir auch, wie in diesem Sinne die Göttin Aphrodite Urania, wie die edle Auffassung

---

[1]) Vgl. Furtwängler in Roscher's Ausführl. Lex. der griech. und röm. Myth., s. v. col. 397.
[2]) Griech. Myth.[4], I, 347.

ihres Waltens sie im Gegensatze zur Aphrodite Pandemos nannte,[1]) zur Tochter des Himmels und der Tageshelle werden und schliesslich dann auch die Verehrung einer Höhengöttin geniessen konnte. Dies nachzuweisen war der Zweck unserer einleitenden Bemerkungen, die umso weniger übergangen werden durften, als allerdings die Nachrichten über den Aphroditencultus recht spärlich fliessen.[2]) Immerhin haben wir das wichtige Zeugniss Strabo's, welcher von dem auf dem kyprischen Berge Olympos gelegenen, den Frauen unnahbaren Tempel der Aphrodite berichtet;[3]) wir dürfen hier die Aphrodite Ἀκραία wirklich mit »die Höhe beherrschend, thronend« übersetzen, eine Interpretation, welche durch anderweitige Epitheta, wie Εὔθρονος, Νικηφόρος, Ergänzung erfährt. Dass das Heiligthum, wie ausdrücklich hervorgehoben wird, von Frauen nicht betreten, ja nicht einmal gesehen werden durfte, bildet ein bemerkenswerthes, leider nur negatives Detail des Berichtes, dem wir gerne einige positive Daten wünschten. Der Cult war aber wahrscheinlich ein einfacher; ein Beispiel bietet der Aphroditedienst zu Athen, wo die Opfer aus »νηφάλια ἱερά« (ohne Wein und ohne Honig) bestanden, wie sie den Musen und, was besonders bemerkenswerth, den Göttern des Lichts dargebracht wurden.[4])

---

[1]) Plato, Symp. 180, D: ἡ μὲν γέ που πρεσβυτέρα καὶ ἀμήτωρ Οὐρανοῦ θυγάτηρ, ἣν δὴ Οὐρανίαν ἐπονομάζομεν, ἡ δὲ νεωτέρα Διὸς καὶ Διώνης ἣν δὴ Πάνδημον καλοῦμεν. Vgl. Preller, Griech. Myth.[4], I, p. 355, Anm. 1, und p. 357.

[2]) In wünschenswerther Weise ist dieser Zug des Cultus, wie wir nachträglich bemerkten, bereits von anderer Seite erkannt und hervorgehoben worden. Vgl. Baudissin, Wolf. Wilh. Graf, Studien zur semitischen Religionsgeschichte, Leipzig 1878, Bd. II, Abschnitt 3: Heilige Höhen, und daselbst p. 262. Gerade der Dienst der Aphrodite auf Bergen als Höhengöttin erscheint Baudissin aus dem Grunde bemerkenswerth, weil er, einer weiblichen Göttin gewidmet, an Stelle des Cults des männlichen Gottes erscheint, der »das Gewöhnliche und sicher das Ursprünglichere« war.

[3]) Vgl. Strabo, XIV, 682: ἡ δὲ ἀκρώρεια καλεῖται Ὄλυμπος, ἔχουσα Ἀφροδίτης Ἀκραίας ναόν, ἄδυτον γυναιξὶ καὶ ἀόρατον

[4]) Vgl. Preller, Griech. Myth.[4], I, p. 350.

Ueber den dem Dienste auf der genannten Höhe an Bedeutung zum mindesten ebenbürtigen Cult auf dem Berge Eryx in Sicilien werden wir weiter unten in dem Abschnitte »Italien« handeln, wenngleich es ausser Zweifel gestellt ist, dass er griechischen Ursprungs war. In Hellas selbst sei ferner der Kotylion erwähnt; des kotylionischen Apollotempels haben wir schon oben gedacht. Ueber demselben, in der Nähe des höchsten Gipfels, befand sich, wie ein Augenzeuge [1] berichtet, »in einer kleinen, gegen Süden geöffneten Einsenkung ein Tempel der Aphrodite, der noch zu Pausanias' Zeit, obgleich das Dach eingestürzt war, ein Cultbild enthielt.[2]) Gleichfalls gemeinsam mit Helios war Aphrodite Herrin der Burg Korinths.[3]) Ihr Heiligthum befand sich auf der höchsten Felsklippe, auf dem heute nur mehr Spuren des wohlgepflegten Fundaments wahrnehmbar sind; aber zur Blüthezeit des weitberühmten Cults mögen wohl die hochragenden Tempelzinnen den Schiffer auf dem Meere lockend gegrüsst haben. Das Standbild stellte die Göttin bewaffnet, zwischen Helios und Eros, zwischen Licht und Liebe dar.

Bald wird der eingeengte Raum nicht mehr hinreichend, alle Weihgeschenke zu fassen; doch ist es für den eminent localen, eben an der Höhe haftenden Dienst bedeutsam, dass die Korinther das kleine, enge Centrum desselben nicht verlassen wollten und eher auf den Prunk einer neuen, nicht durch die Tradition geheiligten Cultstätte, als auf die althergebrachte, wenngleich minder geräumige Weihestelle verzichteten.[4]) Wahrscheinlich befand sich auch auf der Höhe der Burg der Troizenier ein Heiligthum der Göttin, das von Halikarnass aus gegründet war.[5]) Sicher beglaubigt ist dies von einem Tempel der Aphrodite auf der Höhe von Argos.[6])

---

[1]) Vgl. Bursian, Geographie von Griechenland, II, p. 255.
[2]) Vgl. Paus. VIII, 41, 10.
[3]) Siehe oben p. 31.
[4]) Vgl. Curtius, Peloponnes, II, p. 534.
[5]) Ibid. p. 734.
[6]) Vgl. Preller, Griech. Myth., p. 350, Anm. 3 (mit der Belegstelle).

Ferner besitzen wir Nachrichten über die Verehrung der Göttin auf dem Berge Kastnion [1] bei Aspendos in Pamphylien, endlich hiess sie auch Ἰδάλια von Stadt, Hain und Berg auf Cypern. [2]

V. Die Nebengötter.

Mit Aphrodite beschliessen wir den Kreis der Hauptgötter, deren Cult mit Höhen und Gebirgen in Verbindung zu setzen war. Weit entfernt, die Fülle der ausser diesem Kreise liegenden Höhenmythen erschöpfen zu wollen, halten wir es gleichwohl für unsere Pflicht, einige Nebengötter oder vergötterte Sagengestalten hier zu behandeln, die in das Gebiet der vorliegenden Untersuchung zu fallen scheinen.

An erster Stelle nennen wir Dionysos, der oben behandelten Aphrodite insoferne nahestehend, als auch er eine der »Naturmächte des Erdenlebens« darstellt und in merkwürdiger Vielseitigkeit einerseits Zartheit und Ueppigkeit, anderseits Muth und Kraft in sich vereinigt. Er wird charakterisirt als der Gott der schwellenden Zeugungskraft und des belebenden Naturwaltens, und so wird er im übertragenen Sinne der Gott, das Wesen, das Leib und Seele des Menschen erhebt und erquickt, der Gott der begeisterten Gemüthsbewegung, der Culturgott schlechtweg, ein mild waltender Genius, der die Sitten veredelt, der Alle brüderlich stimmt, kurz, wie Homer ihn bereits nennt, die Freude des Menschengeschlechts. [3]

Es ist klar, dass ein Gott von so weitausgreifendem Walten eines vielverzweigten Cults genoss, und dass gerade die Hellenen, die hypostasirte Wirkung desselben in allen Lebenslagen erfassend, seine belebenden, begeisternden,

---

[1] Καστνία Lykophr. 403, 1231.
[2] Vgl. Eduard Jacobi, Handwörterbuch der griech. und röm. Myth., neue Ausgabe, Leipzig 1847, p. 1011, woselbst sich eine fleissige Zusammenstellung sämmtlicher Eponyme der Göttin findet.
[3] Homer, Il. XIV, 325.

berauschenden Einflüsse in ihren Opfergebräuchen selbst wiederspiegelten. Dass der Dienst dort, wo er auf Bergen stattfand, ein reiner Höhencult, also die Verehrung des thronenden Gottes schlechthin gewesen, lässt sich nicht unbedingt bejahen; aber die Gebirge, und zwar die meistgenannten Griechenlands, spielen in der dionysischen Verehrung eine zu merkwürdige Rolle, als dass wir sie übergehen könnten. Dies umso weniger, als gewisse, allbeglaubigte Cultberichte sich von den Vorstellungen eigentlicher Höhenverehrung nicht allzuweit entfernen. Wir erinnern zunächst an den Berg Nysa. Wenngleich dahingestellt bleiben soll, ob die Deutung des Namens Dionysos als des »Gottes von Nysa« gerechtfertigt sei,[1]) so haben wir doch für den sagenhaften Berg bereits das Zeugniss Homer's, der, von des Lykurgos' Freveln kündend,[2]) also singt:

Nicht des Dryas' Erzeugter einmal, der starke Lykurgos,
Lebete lang', als gegen des Himmels Mächt' er gestrebet,
Welcher, vordem Dionysos des Rasenden Ammen verfolgend,
Scheucht auf dem heiligen Berge Nyseion.

Zunächst galt also Thrakien für das Land, welches den Gott auf der nyseischen Höhe beherbergt haben soll; späterhin werden Berge mit Namen Nysa in den verschiedensten Gegenden genannt: auf Euboia, in Thessalien, ja auch in Arabien, Indien und Aethiopien.[3]) Diese und noch zahlreiche andere Länder und Flecken, welche den Anspruch erhoben, den wahren Berg Nysa zu besitzen, liefern gewiss einen zureichenden Beweis, dass der Mythus von dem Berge hoch-

---

[1]) Die verschiedenen Versuche, den Namen zu deuten, stellen Seiler-Capelle, Vollst. griech.-deutsches Wörterbuch über die Gedichte Homers und der Homeriden⁵, Leipzig 1878, s. v. p. 166, zusammen, denen nebst anderen die von Ahrens, Philol., XXIII, p. 209, und Max Müller in der Academy vom 5. August 1882 (vgl. Preuner in Bursian-Müller, Jahresbericht über die Fortschritte der class. Alterthumswiss., Bd. XXV, p. 242) beizufügen sind.
[2]) Il. VI, 130 ff.
[3]) Vgl. Preller, Griech. Myth.³, I, p. 548 und Anm. 3.

berühmt war; denn Nysa galt nicht blos als Stätte, wo Dionysos aufgezogen wurde — ähnlich dem idäischen Zeus und dem ithomeischen Hermes — sondern man dachte sich ihn geradezu als Herrscher auf demselben, und mit Recht deutet Preller ein Zeugniss des Alterthums [1] in diesem Sinne. Als eine weitere berühmte Stätte der Jugend des Dionysos gilt der lydische Tmolos, beziehungsweise der von uns bereits mehrmals erwähnte Sipylos. Zeus vereinigt sich dort mit der Semele,[2] die auch dort den Dionysos geboren haben soll.[3] Einen authentischen Beweis für die Verehrung des Gottes sieht Stark auch in dem grossen Altar des Dionysos auf dem Markte von Magnesia, »bei dem und den dazu gestellten Statuen der Seleukiden der Vertrag mit Smyrna, auf eine Stele eingegraben, aufgestellt werden soll«, sowie in gewissen Münzen.[4] Dass die Verehrung des Gottes gerade in späterer Zeit in vollster Blüthe blieb, ist auch sonst vielfach bezeugt; der Grund lag wohl in der an Getreide, Früchten, namentlich aber an Wein überaus reichen Gegend selbst. Die bacchischen Feste, die Mainadenfeier, über die wir noch weiter unten zu sprechen haben werden, ferner eine Frühlingsfeier am Tmolos, welche der Erinnerung an die Rückkehr des Gottes aus Indien galt, liefern den Beweis von der Ausdehnung und Bedeutung des an der erwähnten Stätte dem Gotte gewidmeten Cults.[5]

Schon diese Andeutungen lassen begreifen, weshalb der die Gaben der Natur in so reicher Fülle spendende Gott auf Fluren und in Wäldern waltend gedacht wird, und warum die Fabel, welche den Gott auf den mehr menschenentrückten Gründen wandeln lässt, Höhen und Gebirge zu seinen Lieblingsplätzen macht. Aus diesem Sagenborn schöpfen auch

---

[1] Aristid. I, p. 49: ἤδη δὲ τινῶν ἤκουσα καὶ ἕτερον λόγον ὑπὲρ τούτων, ὅτι αὐτὸς ὁ Ζεὺς εἴη ὁ Διόνυσος. Preller, Griech. Myth.³, I, p. 549, Anm. 1.
[2] Vgl. Schol. Hom., Il. XXIV, 615.
[3] Anspielungen hierauf bei Euripides, Bakch., Vs 13, 55, 65, 152, 227.
[4] Stark, Niobe und die Niobiden, p. 410, sowie die Anmerkungen 2, 3 und 4.
[5] Vgl. Preller, Griech. Myth³, p. 574 und Anm. 3 mit den Belegstellen.

die Dichter, wie Pratinus bei Ath. 14, 8 (vgl. Preller a. a. O., p. 550) vom Gotte singt, der »durch die Berge rauscht mit den Najaden«, und Anakreon bei Dio Chrysostomus, or. 2, p. 359, (Fr. 2. Bk.[4]) ihn anruft: »Grosser Herr, mit dem der gebieterische Eros scherzt und die dunkelblickenden Nymphen und die strahlende Aphrodite. **Du aber eilst über die hohen Gipfel der Berge.**« Diese Schilderungen leiten nun über zu jener Seite des Dionysoscults, welche wohl die charakteristischeste derselben ist und hier kaum übergangen werden kann: zu der sogenannten orgiastischen Verehrung des Gottes. Ueber die eigentliche Bedeutung derselben sind wir noch nicht genügend aufgeklärt. Es mag sein, dass die ältesten — attischen — Feste dieser Art nicht viel mehr vorstellten als eine einfache, ländliche, vornehmlich dem ersten Genuss des frisch gekelterten Weines gewidmete Feier.[1]) Es waren dies die kleinen ländlichen Dionysien (Διονύσια τὰ κατ' ἀγρούς, τὰ μικρά), denen um die Zeit des kürzesten Tages — einem bei allen Religionen so bedeutsamen Wendepunkte — die Lenaienfeste folgten. Bei diesen spielte bereits der Parnass eine Rolle. Dieser dionysische Berg (die korykischen Höhen) ist bei den attischen Dichtern Gegenstand begeisterter Verherrlichung. So lässt Aeschylos in den Eumeniden, Vs. 22 f., die Pythia sprechen:

Heil auch den Nymphen um Korykia's Felsgeklüft,
Der Vögel Heimat, wo sich Götter gern ergehen.
Bromios erkor die Gegend — nicht entschwand es mir —
Seitdem der Bacchantinnen Schaar geführt der Gott,
Und gleich dem Häslein Pentheus eingegarnt in Tod.

Sophokles ruft in einer hochpoetischen, kaum übersetzbaren Chorstrophe (Antigone, 1115 ff.) den Bacchus an, welchen über dem doppelhäuptigen Berge »glänzender Nebel« geschaut hatte:

---

[1]) Vgl. August Mommsen, Heortologie, p. 334 f. Schoemann, Griech. Alterth.[3], Bd. II, p. 489.

Βαχχεύ
σὲ δ' ὑπὲρ διλόφοιο πέτρας στέροψ ὄπωπε
λιγνύς ...

und in ähnlicher Weise variirt das Thema Euripides in den Phönissen, Vs. 224—235:

> Du zweigipfliges Bergeshaupt,
> Dem der feurige Glanz entstrahlt,
> Ob den bakchischen Höhen,
> . . . .
> Und du göttliche Drachenkluft,
> Ihr Bergwarten der Götter und
> Schneebedeckter, geweihter Berg,
> Tanzt' ich himmlischen Göttern doch
> Chorreigen dort, frei von Gefahr,
> Bei den Hallen des heiligen Erdnabels,
> Fern von der Dirke.[1]

Wohl hat man mit Recht darauf gedrungen, die eigenttlichen Cultgebräuche von poetischen Darstellungen derselben zu sondern. Es ist aber Thatsache, dass sich auf diesen heiligen Bacchushöhen um die angedeutete Zeit, also im strengsten Winter, nicht blos Frauen und Mädchen aus den umliegenden Ortschaften, wie von Delphi, sondern auch von Athen aus versammelten, um in Gemeinschaft die nächtlichen Mainadenfeste zu begehen. Die Gebräuche bei denselben sind bekannt. In gewissen Gruppen vereinigt, Thyrsosstäbe und Fackeln schwingend, Schlangen im aufgelösten Haar, unter der Musik verschiedener Instrumente führten die Frauen, bei strengem Ausschluss des männlichen Geschlechts, ihren Reigen auf, frohlockten und rasten. Der eigentliche Sinn dieser merkwürdigen, in jedem dritten Jahre wiederholten Feier, die ihrem Wesen nach ziemlich an allen Cultstätten dieselbe blieb, wird verschieden gedeutet. Preller[2] nimmt mit Anderen einen Aus-

---

[1] Vgl. Petersen in Ersch und Gruber's Encyclopädie, LXXXII, p. 287.
[2] A. a. O., p. 572.

bruch des tiefsten Naturgefühls an, »die wildeste Verzweiflung des von den Agonien (!) des Winters beängstigten Gemüths, obwohl durchleuchtet von dem Hoffnungsschimmer des Frühlings, dass er doch wiederkommen müsse, und mit ihm der Gott der Jugend, der Lust, der ewig schaffenden und quellenden Naturkraft«.

Gegen diese Ausführungen wendet sich nicht ohne Berechtigung Voigt, [1]) bringt aber durch den Hinweis auf das Perchtenspringen, [2]) auf den französischen jour des brandons, endlich auf die Tiroler Umzüge unter Geläute von Schellen und Kuhglocken zur Erwirkung einer guten Ernte, an welche auch unseres Erachtens die allerdings von der Kirche sanctionirten Bitttage eine Reminiscenz vorstellen dürften, zwar viele Parallelen, aber wenig Aufklärung. Zum mindesten mag es schwer halten, die Vorstellung »des Vegetationszaubers« [3]) durch Mittheilung »der lebenzündenden Kraft« der Flamme an die Aehren — in unserem Falle also auf dem schneeigen Gipfel des Berges (!) — zu gewinnen. Wir werden also über die Bedeutung der eigenthümlichen in Anwendung gebrachten Tracht der an der Feier Theilnehmenden, [4]) des Fackellaufs, [5]) der Nachtzeit der Feier, besonders aber, worauf es uns hier ja zunächst ankommt, der Wahl der Gebirge als Stätte derselben nicht klüger; wir bezeichnen die Frage als eine offene und halten vorläufig den Cult selbst,

---

[1]) In dem Artikel »Dionysos« in Roscher's Ausf. Lex. der griech. und röm. Myth., col. 1041.

[2]) Vgl. Mannhart, Wald- und Feldculte. I, p. 534 f.

[3]) Ueber die Ausführungen Mannhart's, die Vegetationsgeister betreffend, insbesondere aber über die nicht mit entsprechender Zurückhaltung geübte Methode, die Erscheinungen der griechischen, römischen und deutschen Mythologie aus ähnlichen, beziehungsweise gleichen Quellen abzuleiten, urtheilt auch A. Preuner in mehrfach berichtigender Art; vgl. Bursian-Müller, Jahresbericht über die Fortschritte der class. Alterthumswiss., Bd. XXV, p. 32.

[4]) Vgl. Voigt a. a. O., col. 1039.

[5]) Auch die Erklärung Emanuel Hoffmann's, Kronos und Zeus. p. 119, dass die Weihung der Fackel und des Fackellaufs als eine Symbolisirung der Wiederaufnahme des Cults einer vergessenen Gottheit aufzufassen sei, dürfte uns der Lösung kaum näher führen.

namentlich mit Rücksicht auf seine Stätte, im Auge. Man darf ohne Bedenken annehmen, dass der durch so mystische Feste ausgezeichnete Punkt zum Gegenstand abergläubischen Grauens wurde, jener Gipfel, »wo man von Zeit zu Zeit bacchische Gestalten zu sehen und einen wilden Lärm zu hören glaubte«.[1]) Reisende berichten, dass der Ort heute noch »des Teufels Tenne« genannt werde.

So war die Region um den Gipfel des Parnass eine der merkwürdigsten Cultstätten in dem griechischen Lande, wohl die vornehmste der bacchischen Verehrung. Aber keineswegs die einzige. Trieterien auf dem Kithairon, einem gleichfalls dionysischen Berge,[2]) waren durch die berühmte Pentheussage derart verherrlicht worden, dass bereits Aischylos den Vorwurf für die Bühne verwenden und Euripides in seinen Bakchen uns die lebensvollsten Schilderungen von der wilden Feier auf dem genannten Berge, eben im Anschluss an den thebanischen Mythus, liefern konnte.

Dionysos, von seinem Triumphzug durch die Länder Asiens zurückgekehrt, kommt nach Theben und versetzt sofort die Frauen und Mädchen in bacchischen Taumel. Er führt sie auf den Kithairon, auf welchem sich erst recht die unwiderstehliche Gewalt des Gottes offenbart. Wir können hier auf die oben genannte Tragödie nicht näher eingehen, verweisen aber auf den malerischen und ausdrucksvollen Bericht des Boten über die Feier auf der heiligen Höhe, V's. 157 ff.

Der Kithairon ist auch der Schauplatz der grauenvollen Bestrafung des dem Gotte und seinem Culte sich widersetzenden Königs Pentheus. Er wird von seiner eigenen Mutter Agave als ein Wild angesehen und zerfleischt; die Sühne für den Frevel gegen die Heiligkeit der Feier vollzieht sich, wie wir sehen, auf demselben heiligen Berge wie diese selbst. Der Zuschauer erhält im Drama durch einen Bericht alle Einzelheiten der Geschehnisse auf der ihm entrückten, nur seinem geistigen Auge vorgeführten

---

¹) Vgl. Preller, Griech. Myth., I³, p. 568.
²) Vgl. Stark, Niobe und die Niobiden, p. 364. Siehe aber in unserer Darstellung oben p. 18.

Stätte; bezüglich dieser Details müssen wir auf das Drama selbst verweisen.[1]) Eine den oben beschriebenen orgiastischen Culten ähnliche Verehrung fand auch auf verschiedenen anderen Höhen statt, doch mangeln darüber entsprechende Nachrichten, so dass wir zu kurzer Aufzählung gezwungen sind. Zu nennen wäre das Gebirge Laphystion,[2]) das wir oben bereits als Stätte eines Zeuscults kennen gelernt haben. Für Arkadien und Messenien waren der weinberühmte Taygetos,[3]) sowie der Mainalos[4]) die Stätten, wo sich — wohl unter ähnlichen Cultgebräuchen — die Theilnehmerinnen an der Feier· versammelten. Endlich erwähnen wir noch den Hügel Kolona in der Eurotasebene, welcher einen Tempel des Dionysos

[1]) Eine gute exponirende und paraphrasirende Einleitung gibt Schöne in seiner commentirten Ausgabe der Bakchen², Berlin 1858, sowie auch Patin, Études sur les tragiques grecs, Paris 1883, Euripide, II, p. 233 f. Patin erinnert daran, dass die Schilderung der Feier auf dem Kithairon in den Bakchen, Vs. 35 ff., wahrscheinlich auch für die uns erhaltenen Verse der Bacchantes des Attius:

Deinde omnes, stirpe cum incluta Cadmeide
Tumultu percitatae, matronae vagant.
. . . .
Et nunc silvicolae, ignota invisentes loca.
. . . .
. . . . . . Ubi sanctu' Cithaeron
Frondet vidirantibu' faetis.

zum Vorbilde dienten. Von späteren Zeugnissen sei die Stelle Verg. Aen. IV 301 ff.: Bacchatur quotis commotis excita sacris Thyias, ubi audito stimulant trieterica Baccho Orgia nocturnusque vocat clamore Cithaeron, sowie Catull's anschauliche Beschreibung des bacchischen Thiasos, 64, 255, gedacht. (Vgl. Preller, Griech. Myth.³, p. 566, Anm. 2 und p. 570, Anm. 3.)

[2]) Das Zeugniss für den Dionysosdienst ist Schol. ad Lycophr. 1237.

[3]) Vgl. Theogn., Vs. 897 f.:

Trinke den Wein, den herab von Taygetos ragendem Scheitel
Mir Rebstöcke gebracht.

[4]) Vgl. Curtius, Peloponnes, I, p. 312, woselbst daran erinnert wird, dass die Orgien der Mainaden mit dem Namen des Gebirges in Verbindung gesetzt wurden. Der noch zum Mainaloszug gerechnete, 1980 M. hohe Ostrakina heisst heute Hagios Elias (vgl. Neumann und Partsch, Physikal. Geographie von Griechenland, p. 180).

Kolonatas trug »mit dem Heroon für den Stifter des Cultus, der mit dem Wettlaufe der Jungfrauen von Delphi aus geordnet war.[1])

Unter den an Berge anknüpfenden Götterfabeln ist wohl keine merkwürdiger als die von Niobe. Die Erzählung von der stolzen Tochter (oder Gattin) des Tantalus, die sich so weit vermisst, sich unter Hinweis auf die reiche Zahl von Sprösslingen der Göttin Leto gleichzustellen, die nur zwei Kinder geboren, ist eine der meist behandelten der griechischen Sagen- und Kunstwelt; sie wird bereits von Homer berichtet, der in einer von uns bereits berührten Stelle (Il. XXIV, 609 ff.) von der Rache Apolls und der Diana und der fürchterlichen Strafe für den Frevel also singt:

...; dess ergrimmten die Zween, und vertilgten sie Alle.
Jene lagen nunmehr neun Tag in Blut; und es war nicht,
Der sie begrub; denn die Völker versteinerte Zeus Kronion.
Drauf am zehnten begrub sie die Hand der unsterblichen
Götter.
Doch gedachte der Speise die Trauernde, müde der Thränen.
Jetzo dort in den Felsen, auf einsam bewanderten Bergen
Sipylons, wo man erzählt, dass göttliche Nymphen gelagert
Ausruhn, wann sie im Tanz Acheloïos Ufer umhüpfet:
Dort, auch ein Fels annoch, fühlt jene das Leid von
den Göttern.

Diese Wandlung in einen Fels auf dem ragenden Berge Sipylos bildet den Angelpunkt des Niobidenmythus, welcher von Homer, dem ältesten Sänger, angefangen, bei einer grossen Zahl von wichtigen Zeugen des Alterthums sich behandelt findet, und der insbesondere Dichter und Künstler zu begeisterten Schöpfungen anregte.

Wer die Worte Homers, die wir eben mittheilten, aufmerksam prüft, wird sich des Eindrucks nicht erwehren, dass er, namentlich in dem Verse 617, nicht blos an eine Wandlung

---

[1] Vgl. Curtius, Peloponnes, II, p. 233, und Bursian, Geographie von Griechenland, II, p. 125.

der Göttin in einen Fels oder Berg überhaupt, sondern an ein ganz bestimmtes Bild denkt, von dem die Verbreitung der Sage als von ihrem festen Punkte aus ihren Ursprung genommen. Dieses Bild ist keine Fiction; es existirte im Alterthum, und es existirt, was ja für uns von ganz besonderem Interesse, auch noch heute. Es liegt auf einer schluchtartigen Gebirgsabstufung eben des Berges Sipylos, an welcher sich ein künstlich geebnetes Rechteck zeigt, welches das Vorplateau für das gewaltige Reliefbild darstellt. »Hier erscheint,« wie Stark in seiner überaus genauen und gewissenhaften Beschreibung des Berges mittheilt,[1]) »aus dem Felsen gehauen eine sitzende Gestalt, mit dem zurücktretenden rohen, aber in seinen Linien rechts und links von der Gestalt wohl sichtbaren Sitz noch auf einer basisartigen bedeutenden Erhöhung. Die Gestalt selbst ist bis auf Kopf- und Armbewegung durchaus ungegliedert, als bekleidet natürlich zu denken, daher auch nach unten eine einheitliche Masse; von Falten des Gewandes ist nichts zu entdecken. Der Kopf ist entschieden nach rechts und nach vorn geneigt, nach Abeken hat er noch etwas, eine Binde oder etwas Kronenähnliches, getragen. An seiner linken Seite sind Meisselspuren in einigen strengen Haarlocken wahrzunehmen, die am besten vor dem Wetter und dem herunterrieselnden Wasser geschützt waren. Die Arme liegen an und auf dem Schoss, die linke Hand scheint einfach auf die rechte gelegt zu sein, an ihr sind Spuren von Fingergliederung zu entdecken.«

Diese Schilderung, welche Stark noch vor seiner Reise und vor seinen Untersuchungen an Ort und Stelle entwarf, und die sich auf die Berichte früherer Forscher stützte, ist im Wesentlichen identisch mit der in seinem anziehenden Reiseberichte: Nach dem griechischen Orient. Reisestudien, Heidelberg 1874, p. 240 ff., gebotenen.[2]) Wir haben uns daher

---

[1]) Vgl. Stark, Niobe und die Niobiden, p. 102 f.
[2]) Nur den Umstand, dass das Haupt seitlich geneigt sei, findet Stark durch seine Autopsie nicht bestätigt. Auf den mir vorliegenden Photographien ist jedoch diese Neigung unverkennbar.

veranlasst gesehen, diesen seinen gründlichen Untersuchungen zu folgen, und dieses Vertrauen wird, wie wir hoffen, auch nach anderer Richtung hin gerechtfertigt erscheinen. Das uralte und für uns als Personification eines Bergmythus sehr wichtige Felsenbild ist nämlich Gegenstand einer wahren Sintfluth von Einzeluntersuchungen geworden, welche in ihren Endresultaten derart widersprechen, dass wir uns leider genöthigt sehen, dieser unerquicklichen Controverse, in welcher die darzustellende, beziehungsweise dargestellte Gottheit proteusartig immer eine andere Bedeutung annahm, wenigstens mit einigen kurzen Bemerkungen zu berühren.

Während Stark, wie wir sahen, unerschütterlich und auf ein wahrhaft erdrückendes Beweismaterial gestützt, daran festhält, dass wir ein Niobebild vor uns haben, hat G. Weber in einer im archäologischen Theile gewiss sehr dankenswerthen Schrift: Le Sipylos et ses monuments, Paris 1880, die Ansicht vertreten, dass wir in der sogenannten Niobe eine Kybele vor uns haben, und eine Autorität wie Preuner [1]) hat ihm beigestimmt. In ähnlichem Sinn urtheilt Ramsay, Sipylus and Cybele, [2]) und, wie es scheint, auch E. Gollob, [3]) während Sayce in dem Aufsatz: The Niobe of Sipylos, [4]) nachdem er schon eine Reihe anderer Ansichten vertreten, unter Hinweis auf die Aehnlichkeit des Denkmals mit einer Statue der Gemahlin des Ramses Nofretari bei Abusimbel sie für die Göttin von Karchemisch und als Erzeugniss der hittitischen Eroberer erklärt. Noch wunderlicher ist die Ansicht Simpson's, [5]) nach welcher die Statue eine männliche Gestalt, und zwar Zeus vorstellen soll. Fügen wir endlich hinzu, dass sowohl in älterer als auch in der jüngsten Zeit die Erscheinung weder für Niobe, noch für Kybele, noch für

---

[1]) Vgl. Jahresbericht über die Fortschritte der class. Alterthumswiss., XXV, p. 111.

[2]) Studies in Asia minor, Part II, im Jorn. of Hell., Stud. III. (1882), p. 33—68.

[3]) Wiener Studien, IV. (1882), p. 307 ff.

[4]) Academy N. 586 vom 28. Juli 1883, p. 68.

[5]) The Niobe of mount Sipylos (Academy 1881, N. 471, p. 356).

die Göttin von Karchemisch, noch für Zeus angesehen, sondern für ein blosses Naturspiel gehalten wurde,[1]) so wird man mit uns die Verwirrung für gross genug erachten, um bei der notorischen Wichtigkeit der Frage sowohl im Allgemeinen, als auch insbesondere für die vorliegende Untersuchung eine methodische Behandlung derselben als erwünscht zu bezeichnen.

Eine solche wird offenbar von der sehr naheliegenden Frage auszugehen haben, ob Homer, der (vgl. oben) doch auf ein wirkliches Steinbild hinweist, und nach ihm eine ganze Reihe von Dichtern, die Tragiker, Quintus Smyrnaeus, Nonnus, Ovid, ferner der Kronzeuge Pausanias in ihren Erzählungen wirklich an das eben beschriebene Standbild dachten. Spricht nun schon allein der Umstand, dass auf dem ganzen Sipylosgebiet kein auch nur annähernd ähnliches und so bedeutsam hervortretendes Bild gefunden wurde, für die Annahme, dass die eben erwähnte Identificirung gerechtfertigt sei, so haben wir dafür ausserdem noch eine erwünschte Bestätigung in den Worten des Pausanias, welche nur unbefangen interpretirt werden müssen, um aus ihnen Zug für Zug die Kennzeichen für das in Frage stehende und kein anderes Standbild wahrzunehmen. »Ich selbst,« sagt er,[2]) »habe diese Niobe auf dem Sipylosberge gesehen; in der Nähe ist sie nichts Anderes als ein steil abgedachter Fels und weist durchaus nicht die Gestalt einer Frau auf, weder im Allgemeinen, noch die einer Trauernden; aber aus einer gewissen Entfernung glaubt man eine weinende und in Trauer versunkene Frau zu sehen.«

Vergleicht man nun diese Beschreibung mit den von G. Weber und Carl Humann[3]) gebotenen photographischen Reproductionen, welche allem Anschein nach an Treue nichts zu wünschen übrig lassen, so erkennt man das Zutreffende dieses Berichtes. Die steile Abdachung des Felsens ist

---

[1]) Vgl. Stark, Niobe, p. 100; id., Nach dem griech. Orient, p. 250.
[2]) I, 21.
[3]) Vgl. Mittheilungen des Kaiserl. deutschen archäologischen Instituts, Athen. Abth., Bd. XIII, 1888, Taf. 1.

unverkennbar, und Pausanias hat offenbar mit dem κρημνός die Wand, in welche die grandiose Nische eingehauen, oder den steil ansteigenden Sockel der Figur selbst gemeint. So versteht man auch, wenn er sagt, dass die künstlerische Bildung in der Nähe durchaus unerkennbar sei, weil der Nahestehende nur die vertical aufsteigende Sockelbildung wahrnimmt, welche ohne merkliche Spuren künstlerischer Arbeit in die Bildung des Unterkörpers übergeht und so eine einzige schroffe Wand von circa 20 M. darbietet. Entfernt man sich jedoch auf eine gewisse Distanz, so tritt bei der naturgemäss hiedurch gewonnenen Verkleinerung des Sehwinkels die Gestalt in ihren Umrissen klar hervor. Ebenso wird ein nur halbwegs aufmerksamer Beobachter die leichte Beugung des Oberkörpers nach vorne und nach rechts mühelos wahrnehmen. Dass Pausanias diese auffallende Haltung für den Ausdruck der Trauer ansehen konnte, hat durchaus nichts Absonderliches an sich, ist vielmehr ganz entsprechend. Sehen wir also, dass sämmtliche von Pausanias in seiner Beschreibung erwähnten Einzelheiten leicht an dem Objecte wiederzuerkennen sind, so ist es um so leichter, alle gegen die eben versuchte Identificirung vorgebrachten Einwendungen zu entkräften. Wenn wir Deutungen wie »Göttin von Karchemisch« oder gar »Zeus« nicht behandeln, so liegt der Grund in unserem geringen Verständniss für derlei bodenlose Einfälle. Aber mit einer Ansicht haben wir uns auseinanderzusetzen, und das ist diejenige, welche in der Statue nicht sowohl eine Niobe, als eine Kybele sehen will. Derselbe Pausanias nämlich, der das Bild der Niobe so genau beschreibt, sagt,[1]) dass die Magnesier am Norden des Sipylos, auf dem Felsen Koddinos, eine Statue der Göttermutter besässen, welche als die älteste aller dieser Darstellungen gelte. Es entsteht nun die Frage: Ist vielleicht doch das in Rede stehende Bild identisch mit dem ἄγαλμα auf dem Koddinos? Weber bejaht dieselbe, aber man wird zugeben, dass seine Begründung: »La citation de Pausanias est si claire et si

---

[1]) III, 23, 4.

complète, qu'il serait difficile d'attaquer le raprochement de ce texte du Tash-Souret. Le périégète n'avait en vue que ce monument, lorsqu'il parlait de la plus ancienne statue de la mère des dieux«, so hinfällig ist als möglich. Das Citat¹) ist im Gegentheil nicht klar, nicht vollständig; Pausanias hat das Bild offenbar nicht gesehen; er verlässt sich auf eine Quelle, deren Reinheit wir heute nicht prüfen können, und der wir es überlassen müssen, ob es mit dem ἄγαλμα ἀρχαιότατον seine Richtigkeit hatte oder nicht. Ebenso unzutreffend wie diese »Begründung« Weber's sind seine Einwände gegen die Identificirung des im erstgenannten Citat beschriebenen Steinbildes, also der Niobe, mit dem oft erwähnten Denkmal auf dem Sipylos.

»Ces détails,« sagt er von dem ersten Bericht, »ne conviennent pas au Tash-Souret; il n'y a ni source ni rivière à cet endroit; puis le monument est situé trop près de la plaine; enfin il n'y saurait être question de femme en pleurs et en deuil ...; notre statue, au contraire, a la tête remarquablement dégagée, et l'impression générale qu'elle respire n'est certainement pas celle de la tristesse.«

Diese Widerlegung ist Wort für Wort unrichtig. Ganz abgesehen davon, dass gar leicht im Laufe von zwei Jahrtausenden ein kleiner Fluss oder eine Quelle die Richtung geändert haben oder versiegt sein kann, so berichten ganz ausdrücklich fast sämmtliche Reisende von Wassern oder Wässerlein, die in der Nähe anzutreffen. Ja, Stark hat sogar eine Hellanikosstelle ausfindig gemacht, welche von einer naheliegenden Quelle berichtet, die eine incrustirende, mit Stein überziehende Wirkung ausübte,²) und daher der Sage von den versteinernden Thränen der Niobe unmittelbare Anschaulichkeit zu verleihen geeignet war. Wenn Weber fortfährt: »Le monument est situé trop près de la plaine«, so citiren wir die durchaus wahrheits-

---

¹) Paus. III, 23, 4: Ἐπεὶ Μάγνησί γε οἱ τὰ πρὸς Βορρᾶν νέμονται τοῦ Σιπύλου, τούτοις ἐπὶ Κολλίνου πέτρᾳ Μητρός ἐστι θεῶν ἀρχαιότατον ἁπάντων ἄγαλμα.

²) Vgl. Stark, Niobe, p. 34 und 443.

getreuen Aufzeichnungen aus dem Reisetagebuch des Geh. Legationsrathes Abeken:[1] »Eine Stunde bis zur Ecke des Sipylos — eine halbe Stunde weiter eine grosse Höhle am Fuss des Berges, aus der im Winter Wasser fliessen soll. Eine Stunde weiter — noch eine Stunde von Magnesia — Kaffeehaus und Khan neben einem Wasser; gerade darüber, hoch an der Bergwand, das Hochrelief, nach Norden gewandt.« Und da sagt Weber: »trop près de la plaine«! — Wie endlich bei der entschieden nach rechts vorgebeugten Haltung, dem einzigen Mittel, durch welches die alterthümliche Kunst Trauer und Schmerz auszudrücken vermochte, von einer tête remarquablement dégagée gesprochen und der Allgemeineindruck der Trauer geleugnet werden kann, ist schlechthin unverständlich.

Die Frage musste aus dem Grunde so ausführlich behandelt werden, weil mit ihrer Erledigung, d. h. also mit dem, wie wir hoffen, erbrachten Beweise, dass wir eine Niobe, ein uraltes Bergbild, in kolossalen Dimensionen vor uns haben, einer der bedeutsamsten Bergmythen, vielleicht der bedeutsamste des classischen Alterthums, wesentliche Bekräftigung erhält. Kunst und Mythus reichen sich hier die Hände, und wie in der Deutung des Bildes, so hat Stark auch in der Deutung der Sage das Richtige getroffen und mit Aufwand grösster Gelehrsamkeit und eines geradezu verblüffenden Beweismaterials des Ausführlichen erörtert, was wir hier nur in kurzen Grundzügen, ihm folgend, wiedergeben können.[2]

»Auch bei Niobe ist,« bemerkt er treffend, »wie bei Tantalos, dem Hellenen der höchsten Entwicklung seines Volkes, einem Sophokles,[3] noch nicht das Bewusstsein erloschen, dass er es mit einer göttlichen Gewalt zu thun hat, hoch erhaben über die idealisirten Gestalten einer menschlichen, früheren Periode, dass ihr, wenn sie auch keine Anbetung mehr empfängt, doch eine solche gemäss ist. Aber

---
[1] Mitgetheilt von Stark, Niobe, p. 111, Anm. 2.
[2] Vgl. Stark, Niobe, p. 439—446.
[3] Elektra, Vs. 150—152, und Antigone, 822—838.

wir sehen dieselbe wie Tantalos gleichsam herabsinken aus dem Götterkreise, aus dem Bereiche jener göttlich verehrten Welt, ... auf die Erde, in die bestimmte Localität, und an festhaftende Zeichen, selbst an historische Denkmäler sich als Heroine anknüpfen.«

»Und wie in Tantalos ist in ihr jener innere Parallelismus zwischen Naturleben und den Urverhältnissen der Menschheit ausgesprochen, die noch fortwirken in der ganzen sittlichen Existenz der nachkommenden Geschlechter. Niobe, die Tochter des Tantalos und der Dione, ja auch Gemahlin des ersteren, gehört in den Bereich des Götterberges, der Götterstadt, des Göttergartens, an die nährenden himmlischen Quellen, sie ist selbst das Product gleichsam dieser im strömenden Regen, auf quellenreichen Gründen sich offenbarenden Vereinigung des hochthronenden Himmelsgottes und der weiblichen, auf der Erde gelagerten Himmelsfrau, sie ist selbst diese Erde, die in Mannigfaltigkeit, Schönheit und Zahl ihrer Kinder diesen Segen bewährt.«

Sie gleicht der Allmutter Gaia, die Alles auf Erden nährt, die in einem homerischen Hymnus als glücklich in Frucht und glücklich in Kindern gepriesen wird. »Aber sie repräsentirt nicht dieses Bild der Mutter Erde in ihrer Allgemeinheit, sie ist, wie ihre Mutter Dione, individualisirt als Nymphe, als eine dieser gleichsam gebundenen, nicht zu freier Vollendung gekommenen Gestalten;« und dies zwar ebensosehr mit Rücksicht auf ihren Besitz, auf ihr Bestehen, wie in ihrem nothwendigen Vergehen, in ihrem sich immer wiederholenden Verlust.

Diesen Gedanken sah der Grieche an der Cultstätte, am Sipylos und in seiner Umgebung verwirklicht, in jener grossen Katastrophe, welche eine blühende Königstadt und Landschaft am Sipylos getroffen.

Und dass wir in dem vielerwähnten Berge nicht blos ein uraltes Denkmal der Göttin, das seinesgleichen sucht, sondern auch in dem Berge selbst die Verkörperung der Göttin mit sichtbaren Zeichen ihres Webens und Wirkens antreffen, dafür ist eine Reihe bedeutsamer Beweismomente vorhanden. »Von Homer bis in die letzten Ausläufer der antiken Literatur werden uns zwei Hauptzüge und Merkmale immer neu vorgeführt: es sind die Thränen und der Fels.« Von Homer's plastischer Schilderung haben wir schon oben gehört. Bei Sophokles, in der Elektra, erscheint sie selbst in das Felsengrab am Sipylos eingeschlossen, weint dort ewig, und in der Antigone führt der Dichter das Bild vor: »Wie Epheu, so habe sie am Sipylos den Fels umrankt, umschlossen; und Schnee und Regen verlassen sie nie, sie selbst netze mit ihren Thränen den Bergnacken. Sie selbst also waltet dämonisch in dieser Bergumhüllung, der rinnende Quell, genährt an Regen und Schnee, ist die Offenbarung ihres Lebens, ihrer Empfindung.« [1])

Für die Götter, die wir bisher behandelt haben, konnten wir verschiedene Cultstätten auf Bergen oder gewisse locale Sagen nachweisen, welche die betreffende Gottheit mit einer Höhe in Verbindung bringen. Pan ist aber der Berggott schlechthin, ist der auf den Höhen lebende und herrschende, und wenngleich bei der Deutung seines Waltens, wie ja auch schon bei der Deutung seines Namens (πάω = weide) unverkennbare Beziehungen zum Hirtenleben hervortreten, so ist er doch recht eigentlich der Gott, der in der Stille der Höhen, inmitten des heiligen Friedens, der sich über die Berge ausbreitet, webend und waltend gedacht wird. Ungewiss ist, ob Pan auch als Gott des Lichtes, »das zuerst die Gipfel der Berge röthet und am längsten auf ihnen verweilt«, einen eigentlichen Cult genoss; [2]) wenigstens deuten gewisse Symbole seines Cults, das ewige Feuer, welches ihm zu Ehren unterhalten wurde, noch nicht unbedingt darauf hin (vgl. weiter unten). Aber sicher ist er ein Sohn der Berge, vor Allem ein Kind Arkadiens, ein Höhengott schlechthin, wie dies aus dem anmuthigen Mythos von seiner Geburt der 19. homerische Hymnos erzählt. Hermes

---

[1]) Vgl. Stark, Niobe, p. 442.
[2]) Vgl. Preller, Griech. Myth., I, p. 613.

zeugt mit der schönen Tochter des Dryops, des Waldgottes, auf dem kyllenischen Gebirge den Pan, ein ziegenfüssiges Kind mit ziegenähnlichem Kopf, lustig und übermüthig wie die Bewohnerinnen des hohen Gebirges, denen er so ähnlich geworden. Von dieser seiner Geburtsstätte wird er auf den Olymp gebracht, wo er die Freude sämmtlicher Götter erregt. Man sieht also, wie die naive Volksvorstellung zuerst das Leben auf den hohen Bergen in origineller Weise personificirte und die Heiligkeit desselben dadurch zu erweisen suchte, dass diese Personification in den Götterkreis aufgenommen erscheint.

Es ist nicht mehr als natürlich, dass dieses als Berggott schlechthin aufgefasste Wesen an gewissen Stätten vorzügliche Verehrung genoss; von diesen mögen einige kurz angeführt werden. Zunächst das mainalische Gebirge, jene mächtige Scheidewand zwischen Arkadien und den vorliegenden Hochebenen.[1] Der Name kommt eigentlich der ganzen Gebirgslandschaft zu. Sie bildet eine breite Hochfläche, heute wohl rauh und unwirthbar, einst jedoch ein waldiger Jagdgrund, vollkommen geeignet, als Lieblingsaufenthalt des Pan zu gelten. Dort wähnten die Hirten, die Klänge seiner Flöte zu hören, und insbesondere zur Zeit, da die Sonne am höchsten steht und ihre Strahlen sich sengend auf die Abhänge legen, so dass Alles stille, wie gelähmt und ruhebedürftig ist, da glaubten die Hirten, dass auch der Berggott der Mittagsruhe pflege, wagten nicht, auf der Rohrpfeife zu blasen, um ihn nicht in seiner Siesta zu stören.[2]

Auch das lykäische Gebirge, welches, wie wir sahen, im Zeuscult eine so bedeutende Rolle spielte, wurde als Stätte des Wirkens Pans gedacht. Auf ihm gab es eine Höhle, Μέλπεια, sowie Weideberge, Nomia, wo Pan Syrinx und Hirtengesang erfunden haben soll.[3] Dem Zeusheiligthum gegen-

---
[1] Vgl. Curtius, Peloponnes, I, p. 311, 312.
[2] Theokr. I, 15. Curtius a. a. O. Preller, Griech. Myth., I, p. 612.
[3] Preller, Griech. Myth., I, p. 610. Curtius, Peloponnes, I, p. 495.

über, und zwar auf dem östlichen Vorsprung des lykäischen Gebirges, sollen nach Curtius in gewissen Polygonmauern und Säulenresten die Spuren des Panheiligthums zu erkennen sein, welches Pausanias, von Karyaes heraufkommend, zur Linken hatte. »Eichenwaldung bedeckte die Abhänge des Gipfels, an welchem die Heiligthümer von Zeus und Pan zwischen der Altarhöhe und der Rennbahn zu beiden Seiten der Schlucht lagen«. [1])

Eine eigenthümliche Stellung im Panmythus nimmt das parthenische Gebirge ein. Es war dies Gebirge »der Lichtberg Tegeas, aus dessen Schluchten Auge, d. h. die Morgenhelle, den jungen Tag gebar.« [2])

Es ist nun bemerkenswerth, dass nach Herodot's ausdrücklichem Bericht [3]) zur Zeit des ersten Perserkrieges, als der Feind bei Marathon drohte, der Berggott dem nach Sparta um Hilfe ausgesendeten athenischen Eilboten Philippides am Waldsaum des ebengenannten Gebirges erschien und ihm seine Verwunderung ausdrückte, warum die Athener gar nicht seiner gedächten, da er ihnen doch so wohlgesinnt sei und ihnen Gutes erweisen wolle. Thatsächlich befand sich an jener Stätte, hoch auf dem Gebirge, ein Heiligthum des Pan, welchem der Berg mit den auf ihm lebenden Schildkröten geweiht war. Preller sieht in dem Mythos einen Beweis dafür, dass es eines besonderen Anlasses bedurfte, den Gott, dessen Revier eigentlich nur die Berge waren, in die Stadt einzuführen. [4]) Einen merkwürdigen Schluss aus dem Mythus und dem Umstande, dass nach dem panischen Schrecken, welcher die Feinde bei Marathon in die Flucht trieb, dem Gott eine Grotte an der nordwestlichen Seite des Burgfelsens und eine Fackelfeier gestiftet wurde, zieht Emanuel Hoffmann. »Ein vergessener Gott kam also in der Zeit der Noth wieder zu Ehren ... Er steht sonach auf gleicher Stufe mit jenen

---

[1]) Curtius, Peloponnes, I, p. 303.
[2]) Curtius a. a. O., p. 200 f.
[3]) VI, 105.
[4]) Preller, Griech. Myth., p. 614.

vorzeitigen, verdrängten Landesherren, die als unterirdische Mächte geglaubt und in ihrem Zorne als Ursachen jeder Landesplage gefürchtet wurden. Indem nun Pan am Burgfelsen ein Heiligthum eingeräumt erhält, wird sein Anrecht auf diesen Platz anerkannt.«[1])

Auf diese geistvolle Hypothese erwidern wir dasselbe, was wir oben schon anlässlich des lykäischen Zeuscultes bemerken musten. Der rettende, helfende Gott muss nicht identisch sein mit der grollenden Gottheit, welche das Uebel schickte, zumal in unserem Falle, da sich Pan selbst zur Hilfeleistung anbietet.

Zu erwähnen wäre auch die sogenannte korykische Grotte auf dem Parnass, welche dem Pan und den Nymphen geweiht war. Ein doppelter Weg führte von Delphi auf die Höhe des Bergrückens: ein schmaler Saumpfad, sowie eine steile, aus mehr als tausend Stufen bestehende Felstreppe, zwei Wege, die sich später zu einem nach einer grossen, ganz von Bergen umgebenen Hochebene führenden Pfad vereinigen. Am Rande dieser Ebene erhebt sich ein kegelförmiger Fels, welcher die erwähnte, mit Tropfsteingebilden bedeckte Höhle enthält.

Dass Pan auf der Akropolis ein Heiligthum besass, haben wir oben erwähnt. Auch am Abhange der Burg von Troizen befand sich ein Heiligthum des Gottes, der jedoch dort als Orakelgott verehrt wurde.

Die Darstellung des Pan auf einem Vasengemälde, auf welchem der Tagesanbruch in der Weise versinnlicht wird, dass der Gott, auf einem Berge stehend, den aufgehenden Helios begrüsst,[2]) leitet zu einer interessanten Frage, nämlich, inwieweit die Berggötter in der bildenden Kunst für unsere Untersuchung heranzuziehen seien. Der Stoff wurde in letzter Zeit von verschiedenen Archäologen,

---

[1]) Emanuel Hoffmann, Kronos und Zeus. p. 118 f., Anm.
[2]) Vgl. Preller, Griech. Myth., I, p. 613.

am gründlichsten von Friedrich Wieseler,[1]) ferner von A. Gerber,[2]) endlich von Otto Schultz[3]) behandelt. So dankenswerth diese Untersuchungen an sich sind, hat doch das stumme Vasenbild, die geprägte Münze, der geschnittene Stein, denen in den seltensten Fällen ein erläuterndes Wort beigefügt ist, für den Mythologen nur einen bedingten Werth; insbesondere kann die vorliegende Untersuchung aus den erwähnten Studien nur indirect Vortheil schöpfen, zumal die Endergebnisse derselben in auffallender Weise von einander abweichen.

Während nämlich Wieseler sehr interessante Belege für Berggötter und Personification von Bergen in der griechischen Kunst mittheilt, spricht Gerber eine solche Personification derselben nahezu völlig ab;[4]) Schultz dagegen nimmt eine vermittelnde Stellung ein.[5])

Wer die vorhergehenden Ausführungen, insbesondere die Abschnitte über den Olymp, das Lykaion, über Atlas und Sipylos aufmerksam geprüft hat, dem wird es von vornherein als ausgemacht gelten, dass den Griechen die Berge keine starren, todten Massen waren, dass ihnen vielmehr die ragenden Höhen belebt, ein inneres Walten offenbarend, erschienen. So stimmen wir denn auch jenen Archäologen bei, welche auf verschiedenen Darstellungen der bildenden Kunst Berggötter — seien es nun Personificationen oder Sinnbilder der Theilnahme an einem gewissen Thun und Treiben[6]) — zu erkennen glauben. Doch können für unseren Zweck nur jene Darstellungen in Betracht kommen, bei welchen die Beziehung zwischen Gott und Berg festgestellt

---

[1]) Nachrichten von der k. Gesellschaft der Wissenschaften und der Georg Augusts-Universität, Göttingen 1876, p. 63—85.
[2]) Vgl. XIII. Suppl.-Bd. der N. Jahrb. für class. Phil., p. 241—317, Abth. VI: Berge.
[3]) Die Ortsgottheiten in der griechischen und römischen Kunst, Berlin 1889.
[4]) A. a. O., p. 302 und 307.
[5]) Vgl. a. a. O., p. 77 ff.
[6]) Wieseler a. a. O., p. 66.

ist, und kann selbstverständlich hier auf Vermuthungen und Controversen nicht eingegangen werden. Wir registriren daher, Wieseler's umfassender Aufzählung folgend, den Kopf des Tmolos, des Hämos und des Sipylos auf Münzen (Wieseler, p. 54 und 62). Die bärtige Gestalt auf dem Sarkophagrelief bei Stark, Niobe, Taf. XIX, 1, welche dieser als Personification des Sipylos fasst, wird von Anderen, wohl mit Recht, anders gedeutet (Wieseler, p. 57). Sicherere Beweise bieten die Prometheus- und Endymionreliefs; auf einem derselben ist Lathmos dargestellt, [1] der Gott des bekannten Berges in Karien, wo Selene den schlafenden Endymion küsste.

Der Hämos wird durch Chlamys, Speer und Kothurn als Jäger bezeichnet und diese Darstellung durch das an dem Waldberge, auf welchem er liegt, angebrachte Wild näher charakterisirt. [2] In dem genannten Aufsatze Wieseler's ist noch eine Reihe von Bildwerken ähnlicher Art aufgezählt, auf die wir hier mit dem Bemerken verweisen, dass eine nicht geringe Zahl derselben von anderen Archäologen eine verschiedene Deutung erfuhr. So verwirft Schultz [3] die Annahmen Wieseler's bezüglich des Toro Farnese und der sogenannten fikoronischen Cista. Sicher jedoch ist die Darstellung eines Berggottes, und zwar des Kaukasus, auf dem Bildwerke mit der Befreiung des Prometheus. [4]

Im Allgemeinen tritt in der Haltung der Berggötter ein Bestreben nach Ruhe und Behaglichkeit hervor, durch welches sie sich von den Darstellungen anderer idealer Wesen unterscheiden. Es sind sitzende oder gelagerte Männer, deren Oberkörper öfters entblösst ist, und die in der Hand einen Zweig halten, eine Darstellung, durch welche der in den unteren Regionen bewachsene, nach oben das nackte Ge-

---

[1] Vgl. Wieseler, p. 67 und 71, woselbst die Belegstellen angeführt.
[2] A. a. O., p. 67.
[3] A. a. O., p. 78.
[4] Vgl. Milchhöfer, Die Befreiung des Prometheus. Ein Fund aus Pergamon, 42. Winckelmannprogramm, Berlin 1882, und Schultz, a. a. O., p. 77.

stein zeigende Berg treffend versinnbildlicht wird. In den meisten Fällen dient eine Nymphe zur genaueren Andeutung der natürlichen Eigenthümlichkeiten des Berges und des Thuns und Treibens auf ihm. [1])

B. Italien.

I. Allgemeine Bedingungen für den Höhencultus.

Es hält schwer, auf die einzelnen Erscheinungen, in denen die Heilighaltung von Bergen und Höhen auf italischem Boden zu Tage tritt, einzugehen, bevor wir uns über die allgemeinen Bedingungen, unter welchen sich diese Anschauungen entwickeln konnten, verständigt haben. Der wesentliche Unterschied, welcher sich schon im Allgemeinen zwischen den mythologischen Vorstellungen der Römer und der Griechen offenbart, zeigt sich wohl auf keinem anderen Gebiete in solcher Schärfe als auf dem unserer Untersuchung.

Es ist klar, bei unserer Studie handelt es sich ja in erster Linie um die an die Oertlichkeit, beziehungsweise an die Bodengestaltung anknüpfenden Culte und erst in der Folge um Mythenvorstellungen, die sich unter ähnlichen Verhältnissen in ähnlicher Weise auch bei verschiedenen Völkern entwickeln konnten. Es wäre nun ganz unzutreffend, wenn wir den grossen Abstand, dessen wir oben gedachten, allein in der Verschiedenheit der localen Verhältnisse suchten. Breiten wir vor uns die Karte Italiens aus, so stellen sich sowohl einzelne bedeutende Erhebungen, wie insbesondere die Kette des Apennins, als durchaus ebenbürtige Stätten für Gebirgsculte dar, wie die Berge Thessaliens, Arkadiens und die übrigen Höhen, welche wir bei Hellas zu behandeln

---

[1]) Wieseler a. a. O., p. 77.

hatten. Aber wir müssen zunächst fragen, was zu verstehen sei, wenn wir von Höhenculten in italischen Landen sprechen. Ist dieser Boden, ähnlich wie in Griechenland, bereits im hohen Alterthum, in sagenbildender Zeit, zwar von verschiedenen, aber in ihrer Nationalität, in ihrer Tradition, in ihrem Heldenepos sich einenden Stämmen eines Volkes bewohnt gewesen? Keineswegs, und darin liegt der Hauptunterschied auch für unsere Untersuchung. Italien hat keinen Homer, hat keinen Olymp. Das Epos fehlte mit seinem ungeheuren Einfluss auf die Gedankenwelt, wie im Allgemeinen, so in mythologischer Hinsicht, mit seinem Einfluss auf die Sprache und die durch sie zum Ausdruck gelangende Literatur. Das Land selbst aber bietet gerade in sehr frühen historischen Zeiten ein bemerkenswerthes Beispiel fremder Colonisation. Grossgriechenland hatte sich über Italien ausgebreitet. »Von dem campanischen Golf bis an die apulische Halbinsel war die Küste von einem Städtekranz umrahmt, der in älteren Jahrhunderten das Mutterland wie die Gründungen auf Sicilien an Macht und Wohlstand weit überstrahlte.« [1]) Charakteristisch ist der Abstand zwischen dem hohen Culturstand der glänzenden griechischen Colonien und der dürftigen Lage der Eingeborenen, welche auf und von der Scholle lebten, ohne Handel und Schifffahrt zu kennen. Und wenn auch die Blüthe dieser glänzenden Pflanzstätten sehr bald dahinschwand, der Kampf gegen dieselben, wohl unter vielen Wechselfällen, jedoch durchaus siegreich seitens der Römer durchgeführt wurde, so blieben doch die Spuren griechischer Colonisation unverkennbar. Was wir an Bergmythen auf diesem Boden kennen lernen werden, trägt griechisches Gepräge: die Berechtigung, sie in diesem Abschnitte zu behandeln, leiten wir zunächst daraus ab, dass eben ein territorialer Unterschied gemacht werden musste, allerdings auch daraus, dass später diese Culte als staatlich römisch anerkannt, sanctionirt worden waren.

---

[1]) **Heinrich Nissen**, Ital. Landeskunde, Berlin 1883, I, p. 59.

Ein Gegenstück zu dieser Bewegung bieten die historisch bekannten Vorgänge auf dem Boden Latiums und dem der umliegenden, in hohem Masse culturfähigen und auch thatsächlich culturbegabten Etrusker, Osker, Umbrer, Sabeller u. s. w. Es ist hier nicht der Ort, auf die zahllosen, durch Jahrhunderte fortgesetzten Fehden einzugehen, welche für Rom geradezu einen Kampf ums Dasein bedeuteten: aber diese Kriegsepoche, welche in die Jugendzeit des Volkes fällt, und die in den punischen Kriegen eine gewaltige Fortsetzung erfuhr, ist auch für unsere Untersuchung bedeutsam und lehrreich. Verhältnisse und Geschicke bestimmen das Leben des Volkes in ähnlicher Weise wie das des Einzelnen. Eine Jugend, voll Noth und Entbehrung, von täglichen Sorgen ums Dasein beeinflusst, bildet mehr den Verstand als das Herz, lenkt den Blick auf das Nützliche und Praktische und engt das Gebiet ein, welches die Phantasie für sich beansprucht — verbannt mit einem Worte das Märchen aus der Kinderstube.

Was die Folgen so ungünstiger Vorbedingungen für eine Untersuchung wie die vorliegende doppelt fühlbar macht, ist die Unzulänglichkeit unserer Quellen. Dieser Mangel liegt allerdings theilweise auch in den eben berührten Charaktereigenschaften der Römer selbst. Die Grösse und Erhabenheit des Gebirges kam ihnen nicht zum Bewusstsein, es schreckten sie vielmehr die Gefahren, welche die hohen, eisstarrenden Gebirge dem Wanderer boten, und sehr bezeichnend nennt Livius die Alpen nicht nur nicht heilig, sondern sogar infames. Auch die Bemühungen römischer Antiquare, welche verdienstvolle Versuche machten, den alten Traditionen nachzugehen, Vergessenes wieder ans Licht zu ziehen, kommen unserer Studie nur zum geringen Theil zugute. Auch die fremden Quellen einer früheren Epoche sind für uns in hohem Grade unzulänglich. Herodot z. B. war einer der gewissenhaftesten Reisenden und Berichterstatter, aber für Gebirge und selbstverständlich auch für die an dieselben sich knüpfenden Mythen fehlt ihm das richtige Verständniss.[1]

Vgl. Nissen a. a. O., p. 8 f.

Was aus Zeugnissen späterer Gewährsmänner und sonstigen nützlichen Quellen für den vorliegenden Zweck gesammelt werden konnte, soll an den entsprechenden Orten in jener Auswahl geboten werden, welche mit der im Vorworte angedeuteten Grenze im Einklange steht. Sollte sich nun wirklich das latinische Volk in seinen Anfängen, in sagenbildender Zeit, jenen Einflüssen entzogen haben, welche die vorhandenen und zweifelsohne auch bekannten Gebirge auf das empfängliche Gemüth eines Urvolkes ausüben müssen? Wir glauben, nur bare Willkür kann diese Frage verneinen. Es steht fest, was Nissen in seinem treffenden Vergleiche zwischen Hellas und Italien behauptet: [1] »Beide Länder waren von Gebirgen erfüllt, der Gott der Höhe ward in den Alpen und im Apennin mit gleicher Inbrunst verehrt als im Peloponnes und in Thessalien. Berg und Thal, Quell und Bach führten im Munde von Hirten und Bauern ihre eigenen Namen hier wie dort.« Aber die »Abneigung der Rhetorik gegen alles Besondere«, das geringe Empfängniss der Römer für die Reize der freien Natur, für die Freuden, welche das Durchwandern grosser Gebirge bietet, »für alles, was ritterliche Nationen, wie Hellenen und Kelten, entzückt hat«, dies sind die Ursachen, welche das Gebiet unserer Darstellung für die italischen Lande unverhältnismässig einengen, die Untersuchung selbst äusserst schwierig gestalten. Was wir trotz dieser Schwierigkeiten innerhalb der mehrfach gezogenen Grenzen zusammenstellen zu müssen glaubten, soll im Nachstehenden geboten werden.

II. Mons Albanus. — Iupiter latialis.

Aus der weiten Fläche Latiums, welche ursprünglich ein ausgedehntes Seebecken bildete, ragt als höchste Erhebung

---

[1] Vgl. Nissen a. a. O. p. 19.

der Mons Albanus, heute Monte Cavo, 954 Meter hoch empor. An einer Seite desselben, etwa 500 Meter über dem Meere, breitet sich der Spiegel des malerisch gelegenen Albanersees aus. Am Fusse des Berges liegt der Hain der Terentina, welcher, wie der Berg selbst, sowohl in mythologisch-religiöser, als auch in politischer Beziehung eine hervorragende Rolle spielte. Denn wo immer von dem Verhältnisse der ältesten Bewohner Latiums untereinander und den Beziehungen derselben zu den Römern in frühesten Zeiten Erwähnung geschieht, da knüpft die Tradition an diese Stätte an, welche über die gesammten umliegenden Lande majestätisch emporragte und sie zu beherrschen schien. So hat eine zweifelsohne uralte Sagenbildung auf dem Albanergipfel den Iupiter latialis thronen lassen, den unsichtbaren Schirmherrn der Latiner, dem die Feier galt, welche alljährlich auf der geweihten Höhe dargebracht wurde. Klarheit über die hohe Bedeutung der Feier erlangen wir erst von dem Zeitpunkte ab, da die Römer sich Alba Longa's bemächtigten, die Stadt zerstörten und nach dem auch bis in späte Zeiten befolgten Grundsatze die sacralen Traditionen der Unterworfenen berücksichtigten. Rom tritt in den latinischen Bund ein, es wird Herrin desselben, und die Opfer auf dem Albanerberge werden zu Bundesopfern Roms und Latiums, die ragende Höhe das sprechende Symbol der neuen Vereinigung. So viel steht als Kern der verschiedenartigen Nachrichten aller Autoren fest.[1]) Von grosser Wichtigkeit und besonderer Beweiskraft für das hohe Alter des in Rede stehenden Bergcultes ist der Bericht, den Livius [2]) über die Prodigia auf der heiligen Höhe mittheilt. Unter Tullius, erzählt er, wird König und Senat gemeldet, es regne auf dem Albanerberge Steine. Die daraufhin entsendeten Abgeordneten finden nicht nur das Wunder bestätigt, sie hören auch vom obersten Gipfel her eine gewaltig mahnende Stimme, dass die Albaner nach väterlichem

---

[1]) Dieselben finden sich ausführlich angegeben und besprochen bei Philipp Cluver, Italia antiqua, Bd. II, p. 905 ff.
[2]) Livius, I, 31.

Brauch wieder die Opfer darbringen sollen, welche sie, gleichzeitig mit dem Verlassen des Vaterlandes und der heimischen Götter, der Vergessenheit hatten anheimfallen lassen. Rom beschliesst sofort eine neuntägige Opferfeier, welche im Lauf der Zeiten immer dann wiederholt ward, wenn das gleiche Wunder vom heiligen Berge gemeldet wurde. Diese Erzählung ist unschwer zu erklären. Durch das Prodigium sollte den nach Rom eingewanderten Albanern die Erinnerung an die vaterländischen Sacra wachgerufen, diese selbst wieder in ihr Recht eingesetzt werden. Während der gemeinsame Bundescult auf dem Albanerberge aufrecht erhalten blieb, sollten doch die Angehörigen des albanischen Volkes, welchen ein völliges Aufgehen in römische Nationalität drohte, zum mindesten an ihre vaterländischen Opfergebräuche erinnert werden.

Ueber jene gemeinsamen Bundesopfer — die feriae latinae — sind wir ziemlich genau von verschiedenen Seiten, am besten aber durch Dionysius von Halikarnass unterrichtet.[1]) So zweifelhaft sein Bericht über die Genesis des latinischen Bundes erscheint, so sicher dürfen seine Angaben über die Art der Opfer als durchaus glaubhaft angenommen werden. Alljährlich (und zwar zum Beginne des Jahres und an einem vom Bundesvorstand zu bestimmenden Tage) sollten dem Iupiter latialis gemeinsame Opfer dargebracht werden, man sollte dem Festmahl obliegen, und jeder Gewaltact musste ruhen. Es wurde festgestellt, was jedes der siebenundvierzig an dieser Feier theilnehmenden Völker zum Opfer beitragen, und welchen Theil es wieder mit sich fortnehmen sollte. Die Einen brachten Lämmer, die Andern Käse, Andere wieder Milch und Opferkuchen. Das allgemeine Opfer bestand jedoch in einem Stier, von dem jedes Volk einen Theil erhielt. Man opfert für alle, die Römer jedoch stehen an der Spitze der Feier.

Den Gipfel des Albanerberges krönte der Tempel des Iupiter latialis, von dem noch heute deutliche Spuren vor-

---

[1]) Ant., IV, 49.

handen sind; der neue Glaube hat an die Traditionen des alten angeknüpft, und wie der antike Tempel den Mons Albanus, so krönt ein Kloster der Passionisten den heutigen Monte Cavo.[1])

Ausser dem eigentlichen Tempelgebäude des Iupiter befand sich auf dem Berge die Wohnung der Consuln, offenbar dazu bestimmt, während der mehrtägigen Feier Denjenigen, die im Namen des römischen Staates den Vorsitz bei dem Opfer führten, ein entsprechendes Obdach zu bieten. Damit Rom während der Abwesenheit der Consuln nicht ohne höchste Obrigkeit bleibe, wurde eigens für die Dauer der Feier ein Praefectus Urbi feriarum Latinarum erwählt, ein Gebrauch, welcher sich bis in späte Zeiten erhielt.

Der politische Charakter des Cults offenbart sich auch in dem sogenannten Triumph auf dem Albanerberge. Mit Grund hält Preller es für wahrscheinlich, dass der Ursprung dieser kriegerischen Feier in jenen Zeiten zu suchen sei, wo Rom und Latium den Albanerberg noch als Mittelpunkt des Bundes betrachteten und die Erfolge auf dem Felde nicht blos in den eigenen Mauern, sondern auch auf dem gemeinsam heiligen Mons Albanus festlich begingen.[2]) Eine breite, aber sehr steile Strasse, von der nicht nur deutliche Spuren vorhanden sind, sondern die auch vor nicht allzu langer Zeit vollkommen freigelegt wurde, war zu diesem Behufe bis zu dem Gipfel angelegt worden. Die Anlage fällt wohl in jene Zeit, da die römischen Feldherrn, denen der Triumph auf dem Capitole nicht bewilligt worden war, denselben als blosses militärisches Schauspiel auf dem Albanerberge feierten.

Wir fügen schliesslich noch hinzu, dass sich eine ganze Reihe von Inschriften sowohl auf dem Albanerberge als auch

---

[1]) Vgl. J. H. Westphal, »Die römische Kampagne«, Berlin und Stettin, 1829, p. 35. Die letzten Ueberreste des hochberühmten Gebäudes wurden, wie Westphal am angeführten Orte berichtet, erst gegen Ende des vorigen Jahrhunderts zerstört und die gewaltigen Mauerquadern für den Klosterbau verwendet.

[2]) Preller, Röm. Mythologie. I²., p. 216.

auf dem ager Albanus gefunden haben, von denen einige direct oder indirect auf die Feier Bezug nehmen. Die Inschrift, welche sich auf einem zu Bovillae (am Fusse des Albanerberges) gefundenen Altar erhalten hat: Vediovei Patrei genteiles Iuliei, auf der einen, und: leege Albana dicata, auf der anderen Seite, bezieht sich, wie man sieht, auf den Veiovis, doch mag auf den Zusammenhang hingewiesen werden, dass die Gentiles Iulii, Sippen der Gens Iulia, zu den ältesten albanischen Familien gehörten, und der Albanerberg von dem Gründer Albalongas, Iulus Ascanius, Mons Iuleus genannt wurde.

III. Iupiter als Höhengott.

Es wurde früher darauf hingewiesen, dass der Triumph auf dem Albanerberge dem auf dem Capitole nachstand, dass jene Ehre nur solchen zu Theil wurde, welche der hohen Auszeichnung des Triumphes in der Hauptstadt selbst nicht als würdig befunden wurden. Erwägt man nun, dass Iupiter nicht allein durch ganz Italien, sondern auch überall im wesentlichen als derselbe Gott verehrt wurde, als Gott der Höhen und des Himmels,[1] so ergibt sich ungezwungen die Bedeutung des capitolinischen Cultes als ein Parallelcult zu dem auf dem Albanerberge, und zwar nicht blos in der einen Beziehung, die wir als die charakteristische in den Vordergrund gestellt haben. Was der Albanerberg für Latium, das war das Capitol für Rom und die Welt. Die Bedeutung des Capitols als der mächtigen Burg für den mächtigen Umfang der Gesammtstadt war bereits von Tarquinius erkannt worden, der die beiden Einzelhöhen des capitolinischen Berges zu einer Gesammtfestung umgestaltete. »Capitolium ist die Burg, aber die durch bestimmte Culte geweihte, unter den Schutz der Götter gestellte Burg, Arx«.[2]

---

[1] Preller, Röm. Myth., I³, p. 187.
[2] Vgl. Otto Gilbert, Geschichte und Topographie der Stadt Rom im Alterthum. 2. Abth. p. 448 f.

Die Bedeutung der Arx hat, wenn wir nicht fehlgreifen, auf italischem Boden für den Höhencultus in anderer Weise aufgefasst zu werden, als bei den griechischen Völkern, bei denen Burg- und Berggötter, wie man sich erinnert, von uns geschieden wurden. Schon der Sprachgebrauch, welcher igneae, aethereae arces zulässt, weist auf diesen Unterschied hin. Die Akropolen der alt-italischen Völker, die von Veii,[1]) von Volsinii und anderen Städten werden ausdrücklich erwähnt,[2]) und dass diese Burgen in Cult und Gebet eine ganz besonders bevorzugte Stellung einnahmen, dafür besitzen wir das hochwichtige Zeugniss der Iguvinischen Tafeln, in welchen das aufgezeichnete Gebet des Priesters nicht nur zwischen Arx und Urbs an unzähligen Stellen ängstlich scheidet, sondern auch in den Spruchformeln wesentlich andere Stellung einnehmen lässt. So heisst es z. B. auf Tafel VI a 20 ff. p. 52 ff. der Bücheler'schen Ausgabe:[3]) . . . . te invocavi invoco divum Grabovium pro arce Fisia, pro urbe Iguvina, pro arcis nomine, pro urbis nomine; volens sis, propitius sis arci Fisiae, urbi Iguvinae, arcis nomini, urbis nomini. . . . . Dive Grabovi, te hoc bove opimo piaculo pro arce Fisia, pro urbe Iguvina, pro arcis nomine, pro urbis nomine. dive Grabovi, illius anni quiquomque in arce Fisia ignis ortus est, in urbe Iguvina ritus debiti omissi sunt, pro nihilo ducito; und in ähnlicher Weise an einer ganzen Reihe von Stellen. Alle arces überragte aber an religiöser wie politischer Bedeutung die arx Roms, das Capitol. Es ist blosse Fabel, dass bei der Gründung desselben die sabinischen Heiligthümer des Terminus und der Iuventas nicht weichen wollten, und dass, als man den Grund legte, ein menschliches Haupt mit unveränderten Gesichtszügen gefunden wurde, ein Zeichen, dass der römische Staat ohne Grenzen und ewig jung bleiben sollte, und dass das Capitol das Haupt des Erdkreises zu werden bestimmt war. Aber unzweifelhaft ist es, dass Tarquinius

---

[1]) Die Aedes Iunonis quae in Veientana arce erat erwähnt Livius, V, 21, 10.
[2]) Vgl. Carl Otfried Müller, Die Etrusker, ²I, p. 237 ff.
[3]) Umbrica, interpretatus est Franciscus Buecheler, Bonn 1883.

mit der Gründung desselben eine religiöse Einrichtung nicht blos der Stadt sondern des ganzen Staates stiften wollte, dass der Iupiter optimus maximus auf dem Capitole, auf der höchsten Höhe des städtischen Gebietes thronend, als solcher oberster Staatsgott fort und fort gepflegt wurde, und dieser sein Sitz in demselben Grade an innerer Bedeutung und Grösse zunahm, als das römische Reich selbst unter den Auspicien des Gottes an Macht und Umfang gewann.[1]) Die Thatsache, dass Antiochus Epiphanes, der lange Jahre in Rom zugebracht hatte, bei Instaurirung eines glänzenden Cultes des capitolinischen Iupiter in seiner Heimat zwei eherne Colosse von zwölf Ellen Höhe, und zwar den einen dem olympischen, den andern dem capitolinischen Iupiter errichtete, weist deutlich darauf hin, dass in den Anschauungen späterer Jahrhunderte ein vollständiger Parallelismus zwischen dem ausgesprochen auf dem Gebirge waltenden griechischen Gotte und dem römischen Iupiter platzgegriffen hatte.[2])

Es ist hier nicht der Ort, auf die Rolle, welche das Capitol in Staat und Cult spielte, näher einzugehen. Das Capitol blieb die Stätte, auf welcher die wichtigsten und feierlichsten Vorgänge und Entscheidungen, welche den Staat betrafen, verkündigt wurden. Es blieb die durch Numa und Titus Tatius geheiligte Stätte, geweihte Höhe, die geheimnissvolle Burg der römischen Auguren, welche stets den obersten Gott als lichten Vater der Höhe und unsichtbaren Vertreter der Wahrheit ihrer Beobachtungen gefeiert haben;[3]) an diese Stätte war die feierliche Verkündigung der Gotteszeiten verlegt worden, und von hier aus, von der Höhe des Capitols herab, erhielten die Festtage aller Einzelgötter Bestimmung und Weihe. Hier war auch die Straf- und Richtstätte; bekannt ist ja das Sprichwort, dass vom Capitol zum tarpeischen Felsen nur ein Schritt sei. So glaubt Gilbert »in den Anordnungen des Tarquinius, soweit sie sich an das Ca-

---

[1]) Vgl. R(ein) in Pauly's Real-Encyclopädie. IV, 602 f. — Stolz nennt sie Cicero (Verr. V, 184) arx omnium nationum.
[2]) Preller, Röm. Mythol. I³, p. 242, Anm. 1, woselbst die Belegstellen.
[3]) Vgl. Preller, Röm. Mythol., I³, p. 20.

pitolium knüpfen, die Idee und die Absicht zu erkennen, dasselbe zum wahrsten und höchsten Mittelpunkte alles politischen und sittlich religiösen Lebens zu gestalten«.[1])

Dass Iupiter auch sonst sicherlich als Höhengott verehrt wurde, ist uns allerdings durch gewisse, ganz unanfechtbare Belege bekannt, doch macht sich bei Behandlung dieser Frage schon der oben berührte Mangel an entsprechender Ausführlichkeit der uns erhaltenen Zeugnisse fühlbar. Kein Schriftsteller berichtet uns, dass ein Iupiter Appenninus verehrt worden wäre, und doch ist es ausser Zweifel gestellt, dass es einen solchen gegeben. Von einer dem Iupiter Optimus Maximus Appenninus geweihten Inschrift gab schon Preller am entsprechenden Orte Kunde.[2]) Nachrichten über einen zweiten Stein mit ähnlicher Inschrift verdanke ich einer freundlichen Mittheilung Professors Dr. Kubitschek, welcher dieselbe mit der Interpretation: »I(ovi) o(pt.) m(ax) [A]ppennino M[A]ur(elius) Valentinus, dec(urio) col(oniae) [3]) v(otum) s(olvit) l(ibens) m(erito), demnächst herauszugeben beabsichtigt, auf welche Publication hier mit Rüchsicht auf die näheren Details verwiesen wird. In gleiche Reihe dürfen wir den I. O. M. Culminalis, allerdings in der Steiermark, vielleicht auch einen italischen Cacunus stellen.

In dem ganzen Italien nach Norden begrenzenden Gebirgszuge findet sich nur eine Höhe, auf welcher nachweisbar Iupiter als Gebirgsgott verehrt wurde, und zwar der I. O. M. Poeninus auf dem grossen St. Bernhard. In anziehender Weise hat Nissen die Oertlichkeit selbst und deren Bedeutung in religiöser Beziehung sowohl für das Alterthum als auch für die modernen Zeiten geschildert.[4]) Er weist darauf hin, dass die Schrecken des zehn Monate im Jahre hindurch in Schnee

---

[1]) Otto Gilbert, a. a. O.
[2]) Preller, Röm. Mythol., I³, p. 241, Anm. 1.
[3]) Nämlich Apulensis.
[4]) Vgl. Nissen, Italische Landeskunde, I, p. 160. Der Berg hiess auch Mons Jovis, vgl. Cluver, Ital. antiqua, p. 28, 20 u. 341, 41.

gehüllten Gebirgspfades hier wohl stärker empfunden werden mussten, als an allen übrigen Pässen, und dass diese Gefahren wohl die Ursache waren für die vielen Weihgeschenke, welche der Tempel des Poeninus enthielt. Dieser Tempel bestand noch im 11. Jahrhundert. Bevor jedoch noch seine Spuren verschwanden, gründeten barmherzige Mönche auf der Passhöhe das Hospiz des heiligen St. Bernhard in nächster Nähe desselben. »Und wie der heutige Reisende, wenn er dankerfüllten Herzens Abschied nimmt, nicht vergisst, eine Gabe in den Opferstock niederzulegen, so pflegten auch die Alten dem Gott des Berges ein Gelübde für glückliche Wegfahrt darzubringen und zum Zeugniss dessen ein Erztäfelchen im Tempel aufzuhängen.«

Es sind, wie man sieht, nur wenige Zeugnisse, welche wir für die Verehrung des Iupiter auf Bergen haben vorbringen können, meist späteren Epochen angehörig, und es ist sehr charakteristisch, dass Steine hier reden müssen, wo berufene Schriftsteller schweigen.[1]) Aber das Eine ist gewiss, wenngleich die Kunde fehlt, die Verehrung des Höhengottes Iupiter wurde an vielen Stellen geübt, wie dies auch aus Analogien bei anderen Culten hervorgeht, denen wir uns jetzt zuwenden.

IV. Die übrigen Götter.

Bei unserer Besprechung der capitolinischen Tempelanlage haben wir des Umstandes keine Erwähnung gethan, dass Iupiter als oberster Gott zwei Begleiterinnen, nämlich die Gottheiten Iuno und Minerva, zur Seite hatte. Es waren die angesehensten Göttinnen des römischen Staates, nach einem Zeugnisse eines bewährten Antiquars,[2]) auch die ältesten.

---

[1]) Nur ganz vereinzelt finden wir Nachrichten aus späterer Zeit, und auch diese betreffen mehr die Provinzen als den italischen Boden. So opferte Hadrian auf der heiligen Höhe dem Iupiter Casius bei Antiochia. (Sueton, Vespas. 5. Spartian Hadrian 13; nach Preller, Röm. Mythol., II³, 395.

[2]) Tertullian ad Nat. II. 12: Varro andiquissimos deos Iovem, Iunonem et Minervam refert.

Es ist nicht ausgemacht, ob diese Göttertrias schon in alten und gemeinsamen italischen Anschauungen ihren Ursprung hatte, doch dürften Etrusker sowohl wie Sabiner diese »Vereinigung der höchsten Macht, der himmlischen Weiblichkeit und höchsten Weisheit« bereits früher gekannt haben. Der Tempelbau auf dem Capitol mit seinen drei Zellen, die mittlere für Iupiter, die zu seiner Rechten für Minerva, die zur Linken für Iuno, scheint in seinem »weltlichen und fürstlichen Charakter der ganzen Anlage« sowie in der architektonischen Ausstattung auf etruskische Vorbilder hinzuweisen.[1])

Dadurch, dass die drei Gottheiten zusammen auf dem Capitol verehrt wurden, wird die Charakteristik des Iupiter, des Höhengottes, welche wir oben versuchten, ungezwungen auch auf seine Begleiterinnen ausgedehnt. Betrachten wir zunächst Iuno. Die Parallele zwischen Zeus und Hera einerund Iupiter und Iuno andererseits ergibt zwar abermals ein Mehr von Reichhaltigkeit der Mythendichtung auf griechischer Seite, ist jedoch dem Wesen und Grundkern nach durchaus gerechtfertigt. Und so war auch Iuno die ebenbürtige Herrin an der Seite des obersten Gebieters, die Thronende, Waltende auf der geheiligten Spitze des römischen Gemeinwesens.[2]) Sie war die Iuno Regina, wie sie auf den herrschenden Höhen der Städte sowohl in Etrurien als auch anderwärts officiell verehrt wurde. So nun ganz besonders in Rom, wo sie von Ovid mit bezeichnendem Epitheton als regina princepsque dearum gefeiert wird; das goldene Scepter ruht in ihren Händen.[3]) Streng zu scheiden von der Iuno, die gemeinsam mit dem Iupiter Capitolinus verehrt wurde, ist die

---

[1]) Preller, Röm. Mythol., I³, 217.

[2]) Iuno als Aethergöttin nach stoischer Lehre bei Cicero De nat. Deorum, II, 26, 66 allerdings mit wunderlicher Argumentirung: Aer autem, ut Stoici disputant, interiectus inter mare et caelum, Iunonis nomine consecratur, quae est soror et coniunx Iovis; quod ei similitudo est netheris et cum eo summa coniunctio. Effeminarunt autem eum Iunonique tribuerunt, quod nihil est eo mollius.

[3]) Ovid, Fast. VI, 30 f.

Iuno Moneta, welche selbstständig einen Tempel, gleichfalls auf dem Capitole, und zwar auf der Höhe besass, welche heute Kirche und Kloster Sta. Maria in Araceli einnehmen. Ueber die Gründung dieses Tempels lehrt Ovid (Fast. VI, 183—186) folgendes:

Hoch auf der Burg, dem Gelübde gemäss, hat selbigen Tages
Iuno Moneta's Haus, sagt man, Camillus erbaut.
Dort stand früher des Manlius Haus, der Iupiters Höhe,
Dich Capitol, vor der Wuth gallischer Waffen bewahrt.

Der Name Iuno Moneta hat mit der geläufigen Bedeutung des Wortes (Moneta = Münze) nichts zu thun. Wir haben vielmehr einen merkwürdigen Fall der Namensübertragung insoferne festzustellen, als die Münzstätte Roms in der Nähe des erwähnten Iunotempels lag und von diesem den Namen erhielt. Der Beiname der Iuno ist vielleicht von monere abzuleiten, von einer warnenden Mahnung, welche sie in der Zeit grosser Gefahr an die Römer ergehen liess.

Die Annahme, dass auch auf dem Albanerberge ein Tempel der Moneta gestanden habe, beruht auf der Vermuthung, dass bei Livius XLV, 15, 10 die Lesart der einzigen (Wiener) Handschrift adem moetalbans in aedem Monetae in monte Albano zu verbessern sei.[1]) Diese Conjectur erhält durch eine Notiz des Dio Cassius[2]) wünschenswerthe Unterstützung und gewinnt durch den Umstand, dass C. Cicereius, der Stifter des Tempels, auf dem Albanerberge triumphirt hatte, auch innere Wahrscheinlichkeit.[3])

Dass Iuno auch an anderen Orten als Höhengöttin verehrt wurde, ergibt sich sowohl aus sonstigen Indicien, wie auch daraus, dass ihr die Krähen heilig waren, und diese Göttin inmitten der sogenannten Divae Corniscae verehrt

---

[1]) Vgl. Preller, Röm. Mythol., I³, p. 283.
[2]) Dio Cassius, 39, 20, 1: ἔν τε γὰρ τῷ Ἀλβανῷ ναὸς Ἥρας βραχὺς ἐπὶ τραπέζης τινὸς πρὸς ἀνατολῶν ἱδρυμένος πρὸς τὴν ἄρκτον μετεστράφη..
[3]) Livius, XLII, 21, 7; dass Cicereius einen Tempel der Moneta gelobt habe, berichtet Livius ausdrücklich XLII, 7, 2.

wurde.[1]) Leider ist auch hier die Ueberlieferung mangelhaft, und wohl erst, wie bei Iupiter, durch Eröffnung neuen inschriftlichen Materials ein weiterer Ausblick über die Bedeutung iunonischer Höhenculte zu gewinnen.[2])

Noch spärlicher sind die Andeutungen, welche uns über Verehrung der Minerva auf Höhen erhalten sind. Wir haben oben der Göttertrias auf dem Capitol gedacht: Minerva hatte ihre Zelle zur Rechten Iupiters, sie war ihm beigegeben, wie Iuno, doch ohne als Regina zu gelten. Wir können nur vermuthen, dass in dem Cult auf der Höhe auch diese Göttin ihre bestimmte Stellung innehatte; sichere Angaben in dieser Hinsicht fehlen. Der Name der Göttin Menerua — offenbar mit mens zusammenhängend — erinnert an den Mythos von der Athene, welche in voller Rüstung dem Haupte des Zeus entsprang. Durch den Umstand, dass die Göttin auf italischem Boden wiederholt als blitzschleudernde Göttin auf Höhen verehrt wurde — inwieweit dieser vornehmlich etruskische Cult durch griechische Vorstellungen beeinflusst war, lässt sich nicht bestimmen — tritt sie gleichfalls den waltenden Gottheiten Iupiter und Iuno nahe. Die Thatsache, dass die durch Alter und Wichtigkeit ausgezeichneten Tempel der Minerva sämmtlich auf den Höhen der Stadt (ausser dem Capitol noch auf dem Aventin und Caelius) lagen, beweist als solche noch nichts für die Vorstellung der genannten Gottheit als Herrscherin auf Höhen. Auch hier macht sich der Mangel an näheren Zeugnissen empfindlich fühlbar.

Als unzweifelhafter Höhencult tritt uns aber der auf dem Berge Soracte, ursprünglich wohl einer altitalischen Sonnengottheit, später dem sogenannten Apollo Soranus geweihte Dienst entgegen. Die posthumen, euhemeristischen Mythendeutungen gewisser Grammatiker, deren eitles Streben

---

[1]) Preller, a. a. O.
[2]) Die Iunones matronae und Iunones montanae, welche sich auf Inschriften des nördlichen Italien finden, haben selbstredend mit der eigentlichen Bedeutung der Gemahlin Iupiters nichts gemein.

nach Vielwisserei durch eine gelehrte Tünche nur sehr schlecht verhüllt wird, haben den eigentlichen Cult auf fremdes Gebiet hinüber zu spielen versucht, ihn gar mit dem Dispater in Verbindung gebracht und einen Unterweltsdienst auf einem Berge statuirt. Fabeleien, an denen nur das Eine merkwürdig ist, dass sich durch sie bewährte Forscher irre leiten und den im Grunde doch ziemlich klaren Hauptkern der Sage verhüllen liessen. Zur Erkenntniss des ursprünglichen Cultes ist der Bergname selbst von Wichtigkeit. Für Soracte hat Varro die Form Sauracte, welches auf Sol oder Saul als Wurzel zurückgeführt wird. Erst von diesem Stamme Sol (sor) ist Soranus als Beiname des Gottes abgeleitet. Dass dieser Gott in der Zeit, da wir zur Kenntniss des Cults gelangen, Apollo heisst, ist ziemlich leicht einzusehen; dass er wirklich auf dem Berge thronend gedacht wurde, ist sowohl aus anderen Zeugnissen, wie insbesondere durch die Stelle in Vergil's Aeneis XI, 785:

Summe deum, sancti custos Soractis Apollo
Quem primi colimus, cui pineus ardor acervo
Pascitur et medium freti pietate per ignem
Cultores multa premimus vestigia pruna
Da pater, hoc nostris aboleri dedecus armis
Omnipotens . . . .

ersichtlich. Dieses wichtige Zeugniss lehrt einerseits das hohe Alter des Cults, andererseits die äusseren Formen desselben, welche auch von anderen Autoren berührt werden. Die Cultores waren Abkömmlinge des alten sabinischen Volks der Hirpii oder Hirpini, welche mit blossen Füssen durch die Opferglut sprangen. Hirpus oder Irpus bedeutet aber Wolf, und die »Wolfsgilde« hat von älteren und neueren Antiquaren eine wunderliche Deutung erfahren. Servius, beziehungsweise sein Interpolator, hat zunächst in einer mehrfach missverstandenen Stelle,[1]) den ganzen Sachverhalt auf den Kopf stellend, behauptet, der älteste Cult auf dem Soracte habe

---

[1]) Serv. zu Verg. Aen., XI, 785.

dem Dispater gegolten, weil der Berg den Manen geweiht sei. Bei den gelegentlichen Opfern seien Wölfe eingedrungen, welche die Eingeweide aus dem Feuer wegnahmen. Bei der Verfolgung der Raubthiere kam man zu einer Höhle, welche einen so starken giftähnlichen Hauch verbreitete, dass die Umstehenden getödtet wurden. Darauf entstand nun eine Pest. Bezüglich dieser ward nun das Orakel, dass man das Unheil abwenden könne, wenn man, die Wölfe nachahmend, vom Raube lebe. Darauf erhielten nun diese Völker den Namen Hirpii Sorani, und zwar Sorani von dem »Dispater, dem Vater des Dis«. Also hiessen sie gleichsam die Wölfe des Dispater. Nun hat schon Cluver [1]) vollkommen richtig vermuthet, dass die ganze Wolfsfabel von den Grammatikern erfunden wurde, um dem Namen der Hirpii einen prodigiösen Hintergrund zu geben. Es ist auch schlechterdings nicht abzusehen, warum dem sabinischen Namen der Hirpii etwas anderes zu Grunde liegen sollte, als dem römischen Cognomen Lupus, d. h. eben die einfache Ratio der Namengebung selbst. Dahin wäre auch Preller's Ansicht zu modificiren, der auf die Thatsache, dass Wölfe im Winter wiederholt vom Apennin auf den Soracte gekommen seien, hinweist und hieraus den Ursprung der Erzählung erklären will. Ausser der Bestätigung, dass diese auserwählten Cultores den Namen Hirpii führten, und dass sie die Opfer in der angedeuteten Weise darbrachten, ist aber an dem eben mitgetheilten Berichte des Servius kein wahres Wort.[2]) Anlass zur Erfindung des fabelhaften Dispater, beziehungsweise Manencultes, gab dem Servius offenbar die östlich vom Berge gelegene Höhle, aus welcher böse Dünste aufstiegen, die auch den Alten sehr gut bekannt waren.[3]) Dass diese Giftquelle jedoch vom Berge ebenso zu scheiden

[1]) Italia antiqua, p. 547.
[2]) Ganz anders ist freilich das Urtheil über diese Stelle bei Müller Deecke, Die Etrusker, II. 67 ff.
[3]) Plin., II, 93 und insbesondere XXXI, 19: Necare aquas Theopompus et in Threcia apud Cychros dicit .... Varro ad Soracte in fonte, cuius sit latitudo quatuor pedum . sole oriente eum exundare ferventi similem, avis quae degustaverint iuxta mortuas iacere.

sei wie der lucus Feroniae, der sich am Fusse des Berges erstreckte, ergibt sich wohl von selbst. Sehr treffend stellt Preller den Cult auf dem Soracte mit anderen ähnlichen Feiern zusammen, insbesondere mit der dem alten celtischen Gotte Beal oder Belenus geweihten, bei welcher »eine durch das Los bestimmte Person dreimal durch das Feuer springen musste und dabei das Leben riskirte; doch glaubte man sich auf diese Weise der Gunst des Gottes zu versichern und das Jahr fruchtbar zu machen.« [1]) Belenus stand aber als Gottheit dem Apollo thatsächlich am nächsten.[2]) Ob Apollo durch diesen Cult wirklich als Erntespender geehrt wurde, wissen wir nicht. In der citirten Vergilstelle wird er um Abwendung der Waffenschmach angerufen, also als rächender Kriegsgott, doch ist aus dem Beisatze Omnipotens die Bedeutung des herrschenden Gottes erkennbar. Dass der Cult ein berühmter und wichtiger gewesen, ist auch für jene Zeiten anzunehmen, in welchen sich alle verschiedenen Dienste mit Hintansetzung der ursprünglich localen Culte in Rom vereinigten. Ein indirectes Indicium hiefür liegt in dem Umstand, dass nach dem einmüthigen Berichte des Eumonius und Regino Karlmann im Jahre 746 auf seiner Romreise, offenbar an die alten Traditionen anknüpfend, eben auf dem Berge Soracte als Ersatz für die ehemalige Cultstätte ein Kloster zu Ehren des heiligen Silvestro errichtete. Die Kirche liegt vermuthlich an derselben Stätte wie der alte Tempel Apolls.

Auch sonst wäre die Geschichte der Gründung christlicher Heiligthümer auf Bergen der italischen Lande geeignet,

---

[1]) Preller, Röm. Mythol., I³, p. 270.

[2]) Vgl. Wissowa in Roscher's Ausf. Lexicon der griech. und röm. Mythol., s. v. Preller, Röm. Mythol., I³, 312, Anm. 2. Wie Belenus recipirter Sonnengott des Westens, so war Elagabal der Deus Sol des Ostens, dessen Dienst unter dem ganz in orientalischer Sitte und Niedertracht schwelgenden Kaiser gleichen Namens nach Rom verpflanzt wurde. Wir erwähnen ihn desshalb, weil Heliogabal ihm auf dem Taurusgebirge jenen Tempel weihte, den M. Aurel ursprünglich der Faustina zu Ehren gestiftet (Preller, Röm. Mythol. I, 400). Die Schrift Zur-Lauben's: Le soleil adoré par les Taurisques Zuric 1782 ergibt keine positiven Resultate.

uns scharfen Einblick in das Bestreben zu gewähren, an alle Culte anzuknüpfen, um die hergebrachten Traditionen in neue Formen umzugiessen.

Gregor der Grosse berichtet,[1] dass der heilige Benedict das berühmte Kloster Monte Cassino an einer Stelle gegründet, wo ein sehr altes Heiligthum Apolls und anderer heidnischer Götter gestanden. Man darf Preller beistimmen, wenn er sagt, dass es in erster Linie dem Mangel entsprechender Nachrichten, theilweise auch der noch unzulänglichen Ausbeutung vorhandener Quellen zuzuschreiben sei, wenn die Bedeutung der Höhen und Berge für die religiöse Vorstellung noch nicht in hinreichender Weise klargelegt wurde.

Dem Apollo Soranus stellt sich die Diana Tifatina zur Seite. Allerdings befand sich der Tempel der Diana nicht auf der Spitze des drei Miglien von Capua entfernten Berges, auch ist die Fama in der Verbreitung seines Ruhmes nicht so geschäftig gewesen. Tifata, die blutige Stätte der hannibalischen und der Bürgerkämpfe, war eben mehr Angelpunkt für die Geschichte des Krieges als für die Legenden der Religion. Doch der Tempel der Diana stand auf dieser Höhe und war weit berühmt, das bezeugen Inschriften und andere Quellen. Pausanias sah daselbst einen Elephantenschädel als Weihgeschenk.

Auch an dieser Stelle lieferten die Trümmer des Heidenthums die Bausteine zu den Heiligthümern des neuen Glaubens. Als Wahrzeichen der Wandlung erhebt sich heute die Kirche St. Angelo in Formis mit einem kleinen Benedictinerkloster an der Stätte, wo Hannibal der Diana geopfert und ihr Wald und Flur, Wasser und Erde geweiht hatte.[2]

Als Montium domina erscheint Diana auch auf dem wilden, stark bewaldeten Gebirge Algidus bei Tusculum, doch war sie hier wohl eher Jagd- als Höhengöttin. Von dem berühmten, mit einem uralten Schnitzbilde gezierten Tempel der

[1] Dialog. II, 8.
[2] Preller, Röm. Myth. I². 317.

Diana auf dem Aventin und der Bedeutung des Cultes auf dieser Höhe gilt das oben p. 74 bereits bei Iuno Gesagte. Freilich ist ein gewisser Unterschied in dem Sinne zu constatiren, dass der Aventin, wie bekannt, ursprünglich ausserhalb der Marken des römischen Stadtgebietes lag, dass er ein politisches Bundesheiligthum der gesammten Latiner — wie der Tempel des Iupiter latialis — und auch das Ziel einer Auswanderung der Plebs bildete,[1]) wodurch er mit dem Mons Sacer in eine Parallele tritt.[2])

Noch bleibt ein localer Cult auf italischem Boden zu besprechen, von dem wir bereits oben bemerkt, dass er seinem Ursprunge nach eigentlich der griechischen Erde angehört. Der Cult der erycinischen Venus entspricht im Ganzen und Wesentlichen dem der Aphrodite Urania, deren wir eben gedachten, und deren Verehrung auf dem mächtigen, in seiner Position geradezu mit dem Aitna verglichenen Berge Siciliens eine weitberühmte Stätte gewann. Denn nicht blos von Eingeborenen und Griechen, sondern auch von den Puniern in Carthago und Panormus ward sie gefeiert. Im Jahre 241 v. Chr. ward die Göttin officiell als Herrin ihres Gebietes anerkannt, ihr Cult über ganz Unteritalien verbreitet, endlich im Jahre 217 ihr ein Tempel in Rom selbst gelobt. Hier gewann der Cult umsomehr an Bedeutung, je mehr sich durch die Aeneassage ihre Stellung als Schützerin von Roms Gründern festigte. Der Hauptaltar auf dem Berge war freistehend, nur der Himmel deckte ihn, oder die Wolken; dass diese Art der Verehrung im hohen Alterthume ihren Ursprung sucht, wurde

---

[1]) Preller, Röm. Mythol. I, 319.

[2]) Der Mons Sacer galt als geweiht, weil die Stätte, wo ein foedus zu Stande gekommen war, den Göttern consecrirt wurde (Lange, Röm. Alterth., I³, p. 592). Allerdings hat Mommsen Recht, wenn er auf das Gewaltige und Erhebende der Erinnerung hinweist, welche sich bei den Römern an diese Stätte knüpfte und sie heiligte (Röm. Gesch., I⁵, p. 274). Festus berichtet ganz bestimmt, der Berg sei Jupiter heilig gewesen, während Dionysios von Halikarnass erzählt, es sei ein Altar auf dem Gipfel errichtet und von dem panischen Schrecken, der hier geherrscht, dem Zeus $\delta\epsilon\iota\mu\acute{\alpha}\tau\iota\sigma\varsigma$ geweiht worden. Unter diesem Gott versteht Cluver, Italia antiqua, p. 660, den Jupiter Faunus.

mehrfach erwähnt. Auch der Glaube, dass die Göttin in jeder Nacht die Spur der zahlreichen Opfer durch frischen Graswuchs verwische,[1]) ist ein Analogon zu anderen, hochalterthümlichen Cultsuperstitionen.[2])

Obwohl die ursprüngliche Bedeutung der Venus Erycina der einer Urania gleichkam — eine Inschrift aus Egesta (C. I. Nr. 5543) bezeichnet sie ausdrücklich als solche — so fehlten doch nicht zahlreiche Hierodulen, welche, wie in Corinth, dem Culte einen pandemischen Charakter gaben. Auch die Pflege der Tauben, dieser fruchtbaren und liebegirrenden Thiere, auf dem Eryx gehört zu dieser Seite des Dienstes.

Eine das griechische Festland mit dem Eryxberge seltsam verknüpfende Sage theilt Pausanias mit.[3]) Von dem Gebirge Erymanthos in Elis schweift der Blick weit über das Meer und die Inseln, welche für die Schifffahrt und das geistige und materielle Commercium die Wegweiser nach Sicilien bilden. Die Herrin der bei diesem Gebirge gelegenen Stadt Psophis soll nun die Tochter des Eryx gewesen sein und dem Herakles zwei Kinder Echephron und Promachos geboren haben. So schliesst sich gewissermassen der Kreis griechischer und römischer Vorstellungen, welche wir nach einer gewissen Seite hin zu behandeln hatten.

[1]) Vgl. Preller, Griech. Myth. I⁴, p. 356.
[2]) Vgl. oben p. 35.
[3]) VIII. 24. 1.

REGISTER.

Achill 4
Aganippe 31.
Agdesbis 28 Anm. 4.
Agdos 28 Anm 4.
Aiakos 21.
Aigina (Insel) 21.
Aigina (Person) 21.
Aigis 12 f.
Akakesion 35.
Akrokorinth 23. 31.
Akropolis 59.
Akropolis von Veii 70.
Akropolis von Volsinii 70.
Aktaion 21.
Alipheira 10.
Aloaden 3.
Alpen 64.
Amalthea 27.
Anchises 37.
Apennin 62 ff.
Apesas 15.
Aphrodite 10, 36 ff.
Aphrodite Akraia 38.
Aphrodite Pandemos 38.
Aphrodite Urania 37.
Apollo 8 Anm., 19, 31 ff., 48. 80.
Apollo Epikurios 33.
Apollo Soranus 76.
Arachnaion 30 Anm.

Ares 13.
Argo 4.
Argos 23. 39.
Arne 10.
Artemis 34.
Arx 70 ff.
Asklepios 10.
Asterion 18.
Athanasios, heil., 32 Anm.
Athene 10, 13. 31.
Atlas 23 ff., 60.

Bakchos Eleutherios 18.
Baucis 17.
Belenus 79.
Bernhard, St., 72 f.

Cheiron 4, 20 f.

Daktylen 29.
Demeter 8.
Deukalion 18 f.
Diana 48
Diana Tifatina 80.
Dindymos 28.
Dionysios, heil., 7 Anm.
Dionysos 18, 28, 40 ff.

Dionysos Kolonatas 48.
Elias, heil., 7 Anm.
Endymion 61.
Ephialtes (Aloade) 3 Anm.
Eros 39.
Eryx 39, 81 f.

Gaia 30 Anm., 55.
Gigantomachie 3.

Hagios Elias-Berg 2 Anm., 22 Anm., 30 Anm.
Hagios Elias auf Euboia 30 Anm.
Hagios Elias auf Lesbos 30 Anm.
Hagios Elias auf Melos 30 Anm.
Hagios Elias auf Santorin 30 Anm.
Hagios Konstantinos auf Euboia 30 Anm.
Hagios Nikolaos auf Euboia 30 Anm.
Hagno 11.
Hämos 61.
Helikon 18 Anm. 3, 33.
Helios 39, 59 v. Apollo.
Hephaistos 9.
Herakles 22.
Here 8, 10, 16, 18, 29 f., 30, vgl. Anm.
Hermes 10, 17, 34 ff., 42, 56.
Hippokrene 33.
Hirpii 77.
Hymettos 22 Anm.

Iason 4.
Ida 15 f., 26, 36 f.
Ida auf Cypern 40.
Ithomaia 14.
Ithome 13 f., 20.
Iuno 73 ff.
Iuno Moneta 75.
Iupiter Apenninus 72.
Iupiter Cacunus 72.
Iupiter Capitolinus 60, 74.

Iupiter Casius 73 Anm.
Iupiter Culminalis 72.
Iupiter Latialis 65 ff.
Iupiter Poeninus 72.

Kallisto 34 Anm.
Kambunisches Gebirge 1.
Karchemisch 50.
Kastnion 40.
Kenaion 22.
Keos 22 (Anmkg.).
Kithairon 18, 30 Anmkg. 1, 46.
Klepsydra 14.
Koddinos 52.
Kokkygion 29.
Kolona 47.
Korinth 39.
Korybanten 29
Korykische Grotte 59.
Kotylion 30.
Kuckucksberg 29.
Kureten 27, 29.
Kybele v. Rhea.
Kyllene 10, 35.

Laphystion 47.
Lathmos 61.
Lykabettos 31
Lykaion 10 ff., 20, 57, 60.
Lykaon 11.
Lykone 33 Anm., 34.
Lykoreia 19.
Lykosura 11.

Mainalos 47, 57.
Mainaden 33, 42.
Mantineia 10.
Melissa 27.
Melissus 27.
Melpeia 57.
Minerva 73 ff., 76.

Mons Albanus 65 ff.
Mons Juleus 69.
Mons sacer 81.
Myrmidonen 21.

Neda 11, 14.
Neilos 24.
Niobe 48 ff.
Nomia 57.
Nysa 41.

Ochoa 30 Anm.
Olympos 1 ff., 9, 60.
Olymp auf Cypern 10.
Olymp auf Euboia 10.
Olymp auf der Ida-Kette 10.
Olymp auf Kypros 38.
Olymp auf Lesbos 9.
Olymp, lykischer, 9.
Olymp, phrygisch-mysischer, 9.
Olymp auf Smyrna 10.
Ὀπώρα 20.
Ὄρος 21.
Ossa 1 ff., 4.
Othrys L.

Pan 56 ff.
Parnass 18, 33, 46.
Parnes 19.
Parthenisches Gebirge 58.
Pelasgoi 11.
Pelion 1 ff., 4, 20 f.
Peneios L.
Pentheus 46.
Perseus 15.
Philemon 17.
Pierier 5.
Pindos L.
Poseidon 8 Anm., 10.
Pron 29.
Pythaisten 19.

Rhea 27.
Rhea Kybele 28, 50.
Rhea Sipylene 28.

Selene 61.
Σίβυλλα 24.
Sipylos 16, 23, 24, 36, 42, 48 ff., 60 f.
Sipylos (Stadt) 17, 23.
Sipylos (Personification) 61.
Soracte 76 ff.
Sterope 24.
Stymphalos 10.

Taleton 32.
Tantalos 17, 23 ff., 54.
Tantalos (Bergspitze) 23.
Taygete 34 Anm.
Taygetos 47.
Tempe L.
Thaumasion 27 Anm. 4.
Theisoa 11.
Thelpusa 10.
Thessalien L.
Thornax 29, 30 Anm. L.
Titanomachie 2.
Tmolos (Berg) 17, 27 Anm., 42.
Tmolos (Berggeist) 9, 61.
Trikrena 35.
Troizen 39.
Typhon 3 Anm.

Uranos 30 Anm.

Venus Erycina 81 f.
Vulcan 9.

Zeus 3, 9, 14, 17 f., 29, 30 Anm.
Zeus Aetophoros 17.
Ζεὺς Αἰτναῖος 23, A. 2.
Zeus Aktaios 19.

Ζεὺς Ἀπήμιος 19.
Zeus Atabyrios 22.
Zeus Euanemos 23.
Zeus Hyettios 22 Anm.
Zeus Hypatos 10 ff., 23.
Zeus Ikmaios 22 Anm. 1.
Zeus auf Kreta 26 ff.
Zeus Laphystios 22.

Zeus Lykoreios 19.
Ζεὺς Νεμέττιος 23 A. 2.
Zeus auf der ötaeischen Flur 23.
Zeus Ombrios 19, 22 Anm.
Ζεὺς Πανελλήνιος 21.
Ζεὺς Παρνήθιος 19.
Zeus Peisthetäros 17.
Ζεὺς Σημαλέος 19.